WUNIBALD MÜLLER

ZWISCHEN SCHICKSAL UND FREIHEIT

MUT ZUR ENTSCHEIDUNG

KÖSEL

MIX
Papier aus verantwortungsvollen Quellen
FSC® C014496

Verlagsgruppe Random House FSC® N001967
Das für dieses Buch verwendete FSC®-zertifizierte Papier
Classic 95 liefert Stora Enso, Finnland.

Umschlag: Fuchs Design, München
Druck und Bindung: GGP Media GmbH, Pößneck
Printed in Germany
ISBN 978-3-466-37100-6

www.koesel.de

INHALT

»Das Schicksal kommt von außen an mich heran, liegt aber zugleich von vorneherein in mir selbst. Es ist nicht so, dass ich fertig wäre und dann aus Natur und Geschichte Schicksal an mich heranträte, sondern ich selbst bin mein Schicksal.«

ROMANO GUARDINI

VORWORT

Fast täglich erfahren wir von Schicksalsschlägen, die Menschen treffen. Ein Selbstmordattentäter reißt Dutzende von Menschen mit sich in den Tod. In zahllosen Liebesfilmen erfahren wir oft etwas klischeehaft dargestellt vom Schicksal, das Liebende erleiden, die sich mit Trennungen, Affären ihres Partners, tragischen Ereignissen konfrontiert sehen. Wir hören von Menschen, die verstrickt sind in Verbrechen und finstere Machenschaften. Wir sprechen davon, unser Schicksal ertragen zu müssen, wenn wir zum Beispiel nach einem Verkehrsunfall auf einen Rollstuhl angewiesen sind oder unsere wirtschaftliche Situation durch den Verlust der Arbeit uns in die Armut treibt. John Greens Jugendroman »Das Schicksal ist ein mieser Verräter«, in dem die Geschichte von zwei unheilbar kranken Jugendlichen erzählt wird, ist weltweit ein Bestseller.

Ich selbst muss immer wieder an eine Geschichte denken, die mir die Ordensfrau Cornelia erzählte, als ich in Ägypten weilte. Ein frisch verheiratetes Paar sitzt auf einer niedrigen Mauerbrüstung einer Brücke, die über einen reißenden Fluss führt, um sich vor einem einzigartigen Landschaftshintergrund fotografieren zu lassen. Plötzlich verliert die Frau die Balance und droht in die

Tiefe hinabzustürzen. Erschrocken versucht ihr frisch vermählter Mann sie aufzufangen. Sie hält sich an ihm fest und zieht ihn mit sich in den Abgrund. Ist das Schicksal? Ihr Schicksal?

Oder ich denke an die jungen Missionarinnen, deren Gräber ich auf dem deutschen Friedhof in Daressalam besuchte. Sie kamen im 19. Jahrhundert nach Ostafrika und kaum waren sie dort angekommen, starben sie an einer tückischen Krankheit. Schicksal? Oder wie steht es um die jungen Menschen, die in Schulen von Amokläufern brutal aus dem Leben gerissen wurden? Ist das Schicksal? Ihr Schicksal?

Für mich sind und bleiben solche Ereignisse unfassbar, schrecklich, furchtbar! Ich kann darin keinen Sinn sehen. Ich stelle mir vor, wie unbegreiflich der Absturz für das frisch vermählte Paar gewesen sein musste, wie schrecklich es für die Schülerinnen und Schüler gewesen war, einem solchen Terror ausgesetzt zu sein. Ich merke, wie ich aufhören muss, mir Gedanken darüber zu machen, was in diesen Augenblicken in ihnen vorgegangen ist. Ich kann dann nur noch innehalten, ihrer gedenken und für sie beten. Bei den genannten Beispielen wird mir deutlich, dass es im Zusammenhang mit unserem Schicksal Fragen gibt, auf die es keine Antwort gibt, wo man nur schweigen kann.

Doch beschränkt sich das, was wir unter Schicksal verstehen, nur auf die genannten Beispiele? Hier wird vor allem die tragische Seite von Schicksal betont. Das allein aber verstehe ich nicht unter Schicksal. Was also meint Schicksal noch? Schicksal wird in der Regel als etwas verstanden, das sich einfach ereignet, das uns zugemutet wird, das über uns herfällt. Wir sind ihm ausgesetzt, können nichts dagegen tun. Für den einen ereignet es sich ohne einen bestimmten Grund. Für einen anderen geht es auf den Einfluss einer höheren Macht oder höhere Mächte zurück, die geheimnisvoll, undurchschaubar auf unser Leben einwirken. Die menschliche Freiheit scheint, so zumindest der erste Eindruck, angesichts des Schicksals wie ausgelöscht, hat keine oder kaum eine Chance, zum Einsatz zu kommen, und muss vor dem Schicksal kapitulieren.

Tatsächlich gibt es auch viele schicksalhafte Situationen, die die Möglichkeit unserer Freiheit beschränken, sodass uns in der Tat nichts anderes übrigbleibt, als zu kapitulieren, uns in unser Schicksal zu ergeben. Den Menschen, die innerhalb weniger Minuten in den Tod gerissen wurden, blieb keine Chance, wobei wir natürlich nicht wissen, was in diesen Augenblicken in ihnen vorging. Konnte das frisch verheiratete Ehepaar einen Trost darin finden, dass sie zusammen diesen Weg gegangen sind? Waren sie sich für einen Moment dessen bewusst und hat das ihre Situation erleichtert? Wir wissen es nicht.

Dann gibt es schicksalhafte Situationen, bei denen wir zumindest mitentscheiden können, wie wir darauf reagieren; denken wir zum Beispiel an die Möglichkeiten, die wir haben, auf eine unheilbare Krankheit zu reagieren.

Hier hängt es auch von uns ab, ob wir uns in unser Schicksal ergeben, wie wir darauf reagieren. An dieser Stelle kommt unsere Freiheit mit ins Spiel. So können wir uns dem Schicksal verweigern, uns gegen es auflehnen oder aber mit ihm kooperieren. Wir können krampfhaft versuchen, einen ganz anderen Weg einzuschlagen als den anscheinend vom Schicksal vorgegebenen Weg, oder in diesem uns vom Schicksal gewiesenen Weg letztlich unseren eigenen Weg erkennen und dazu beitragen, dass er immer mehr unser Weg wird.

Manchmal meinen wir nur, dass etwas unser Schicksal ist, und nehmen es zu schnell als solches hin, statt zu versuchen, unsere Situation zu ändern. So, wenn wir eine Niederlage erlitten haben und daraus den Schluss ziehen, dass wir eben »Loser« sind, und es dabei belassen, statt es auf einen neuen Versuch ankommen zu lassen. Ein anderes Mal werden wir mit einer Situation konfrontiert, zum Beispiel an einem unheilbaren Krebs erkrankt zu sein, bei der uns nichts anderes übrigbleibt, als diese Situation als unser Schicksal anzunehmen.

Die Dynamik, die sich aus unserem Schicksal auf der einen Seite und unserer menschlichen Freiheit auf der anderen Seite ergibt, trägt dazu bei, dass wir lebendig und kreativ bleiben. Sie fordert uns heraus, noch mehr die in uns vorhandenen Möglichkeiten zu nutzen, die Verantwortung für unser Leben in die Hand zu nehmen. Die Spannung, die zwischen unserem Schicksal und unsrer Freiheit entsteht, verweist uns auf unsere Grenzen, macht uns demütig und stärkt in uns die Ahnung und die Sensibilität dafür, dass wir, ob wir es uns zugestehen wollen oder nicht, auf eine höhere Macht angewiesen sind.

Es ist und bleibt jedenfalls spannend, sich dem Schicksal zu stellen und die Möglichkeiten unserer Freiheit auszuloten. Dabei handelt es sich um ein lebenslanges Unterfangen, bei dem wir und höhere Mächte miteinander ringen – bis zum Schluss. Von diesem Ringen soll in den folgenden Zeilen die Rede sein, die auch dazu ermutigen wollen, sich auf dieses Ringen einzulassen, damit unser Leben bis zum Schluss spannend bleibt.

Ich habe mich über viele Jahre mit dem Thema Schicksal und Freiheit beschäftigt. Rollo May und Irvin D. Yalom, auf deren Veröffentlichungen ich eingehe, haben mich dabei sehr inspiriert. Dafür bin ich beiden sehr dankbar. Uwe Globisch vom Kösel-Verlag danke ich für die gute Zusammenarbeit.

»Wie vor ewigen Zeiten, wie am Tag nach der Befreiung, als einige von uns die Wahl hatten zwischen Wut und Dankbarkeit, weiß ich, meine Wahl war richtig.«

ELIE WIESEL

WAS IST SCHICKSAL?

Der Mensch denkt und Gott lenkt

»Der Mensch denkt und Gott lenkt.« So heißt ein bekanntes Sprichwort. Manchmal treffen solche Sprichwörter ins Schwarze, zeigt sich in ihnen eine alte Weisheit. Zugleich fordern sie aber auch zum Widerspruch auf, weil sie vielleicht doch zu schlicht sind, zumindest die Gefahr besteht, dass sie recht komplexe Zusammenhänge zu einfach zu erklären versuchen. Und dennoch: Für mich steckt in diesem Sprichwort eine Wahrheit, die ich zunächst einmal recht allgemein so beschreiben würde: Unser Denken, unsere Entscheidungen, unser Tun, unser Leben ist von einer Einflussnahme umfangen, die unser bewusstes Denken, Wollen und Tun überschreitet.

Wen ich heirate, welchen Beruf ich ergreife, ist für mich nicht nur das Ergebnis einer bewusst getroffenen Entscheidung. Dass ich in den Niederlanden, während ich auf der Heimfahrt vom Urlaub eine kurze Pause einlege, auf ein Buch des Trappisten und Mystikers Thomas Merton stoße, das mich nachhaltig prägte, ist nach meiner Ansicht nicht nur Zufall. Viktor Frankl, KZ-Überlebender und Begründer der Logotherapie, berichtet davon, dass ihm nach seinem Aufenthalt im KZ von der amerikanischen Botschaft in Wien das Angebot gemacht wurde, in die USA auszuwandern. Er schwankte hin und her, war sich nicht sicher, ob er dieses Angebot annehmen sollte. Da war die Möglichkeit, unter günstigen Bedingungen seine damals noch vagen Gedanken über die Logotherapie zu Papier zu bringen, dort waren die alten, hinfälligen Eltern, die er zurücklassen würde. Er hätte sich in dieser Situation am liebsten eine Entscheidung des Himmels erhofft. Noch völlig unentschieden entdeckte er beim Besuch seiner Eltern in Wien einen Steinbrocken, den sein Vater aus der zerstörten Wiener Synagoge mitgenommen hatte. Der Steinbrocken war offensichtlich ein Teil des Thoraschreines, denn die darauf noch erkennbare Inschrift bezog sich auf das vierte Gebot: »Du sollst Vater und Mutter ehren.« Als ihm sein Vater diesen in hebräischer Sprache verfassten Text übersetzte, war es von diesem Augenblick an für Viktor Frankl klar, dass er bei seinen Eltern bleiben würde. Zufall oder ein Wink vom Himmel?

Ich bin davon überzeugt, dass vieles, was in unserem Leben geschehen ist und geschieht, das Ergebnis bewusst getroffener Entscheidungen ist, zugleich aber auch von Einflüssen und mitunter sogar Eingriffen mitbestimmt wird, die unser bewusstes Wollen und Tun beeinflusst haben und beeinflussen. Diesen Einfluss und diese Einwirkung auf unser Leben bezeichne ich, wenn auch noch ganz vorsichtig, als Schicksal oder Bestimmung. Beiden Begriffen ist gemeinsam, dass sie auf einen Einfluss in unserem Leben verweisen, der jedoch nicht von uns selbst kommt.

Etwas, das unausweichlich vorherbestimmt oder vorgegeben ist

Wenn ich im Folgenden vorwiegend den Begriff Schicksal verwende, weiß ich sehr wohl, dass der Begriff Schicksal viele verschiedene Bedeutungen hat. Ich orientiere mich bei meinem Verständnis von Schicksal an dem englischen Begriff *destiny*, der Schicksal als etwas bezeichnet, das einer Person – im Guten wie im Bösen – unausweichlich vorherbestimmt beziehungsweise vorgegeben ist. Wir werden ins Leben hineingeworfen, unterliegen vom Anfang unseres Daseins an bestimmten Gegebenheiten, die uns – so scheint es – schicksalhaft vorgegeben sind. Für jeden scheint in seinem Schicksal etwas von dem ihm zugedachten Design des Universums durch, das in jedem Augenblick unseres Lebens anwesend ist, auch wenn uns das nicht immer bewusst sein mag (vgl. May 1981, 90).

Wir begegnen unserem Schicksal auf einer kosmischen Ebene bei unserer Geburt, bei unserem Tod oder auch bei einem Erdbeben oder Vulkanausbruch (vgl. May 1981, 90). Ob wir als Mann oder Frau, weiß, schwarz, rot oder gelb geboren werden, wie wir aussehen oder mit welchen Talenten wir ausgestattet sind, hängt von genetischen Gegebenheiten ab. In welche Familie, in welche Zeitepoche, in welches politische und kulturelle Umfeld wir hineingeboren werden, sagt etwas, so Rollo May, über den kulturellen Aspekt unseres Schicksals aus. Schließlich gibt es bestimmte Umstände, mit denen wir konfrontiert werden, etwa die Weltwirtschaftskrise, der 11. September 2001, der Tsunami im Fernen Osten, der vor einigen Jahren Tausende von Menschen in den Tod riss. Sie passieren, ob wir es wollen oder nicht, und gehören zum Schicksal der Menschen dazu, die davon betroffen wurden.

Dabei ist es müßig zu fragen, warum es diese Menschen getroffen hat und nicht mich. Wären sie zum Zeitpunkt des Einsturzes nicht im World Trade Center, beim Ausbruch des Tsunamis nicht in Urlaub im Fernen Osten gewesen, ja was dann? War das Zufall? Was ist mit denen, die sich eigentlich zu diesem Zeitpunkt normalerweise im World Trade Center aufhielten, an diesem Tag und zu dieser Stunde aus welchen Gründen auch immer sich nicht dort aufhielten? Zufall? Wer kann oder will diese Fragen beantworten? Solche Fragen sind nicht leicht zu beantworten, vielleicht auch gar nicht.

Ein statisches, anonymes, undurchschaubares Etwas?

Diese Überlegungen tauchen auch auf, geht man der Frage nach, was oder wer hinter unserem Schicksal steht. Handelt es sich bei unserem Schicksal um ein statisches, anonymes, undurchschaubares Etwas, das ohne eine bestimmte Absicht auf unser Leben einwirkt? Oder wirkt in und hinter unserem Schicksal eine verborgene, uns unverfügbare Kraft, vielleicht auch Macht, die auf eine geheimnisvolle Weise und mit einer bestimmten Absicht auf unser Leben Einfluss nimmt? Bei der Beantwortung dieser Frage scheiden sich die Geister.

Für den von mir sehr geschätzten Psychoanalytiker Irvin D. Yalom (2010, 193 f.), Begründer der existenziellen Psychotherapie und Verfasser vieler Fachbücher und Romane, gibt es eine solche geheimnisvolle im Verborgenen wirkende Kraft nicht. Für ihn sind wir Menschen ein Zufallsprodukt. Die existenzielle Weltanschauung, auf der seine klinische Arbeit basiert, folgt der Vernunft und meidet jeden übernatürlichen Glauben. Sie postuliert, »dass das Leben im Allgemeinen und unser menschliches Leben im Besonderen aus Zufallsereignissen entstanden ist; dass wir, obwohl wir uns danach sehnen, in unserem Sein zu überdauern, endliche Kreaturen sind; dass wir allein in eine Existenz ohne vorherbestimmte Lebensstruktur oder Schicksal geworfen wurden; dass jeder von uns entscheiden muss, wie er so erfüllt, glücklich, ethisch und sinnvoll wie möglich lebt«. Wir sind auf uns selbst angewiesen und es liegt nach seiner Auffassung ausschließlich an uns, was wir im Wissen und mit der Erfahrung, dass uns allenthalben Grenzen gesetzt sind, aus unserem Leben machen.

Ähnlich wie bei Irvin D. Yalom hat auch im Denken von Sigmund Freud das Schicksal als eine geheimnisvolle, verborgen wirkende Kraft keinen Platz. Sein strenger Determinismus verbietet jede Form von geheimnisvollen Erfahrungen. Wenn sich zum Beispiel jemand verliebt, dann steht die Libido dahinter, hat das mit unserer Erziehung zu tun, mit unserem kulturellen Hintergrund, unseren persönlichen Plänen (vgl. May 1981, 87). Dass da auch noch etwas anderes eine Rolle spielen könnte, dass in alledem etwas Geheimnisvolles beteiligt und erfahrbar sein könnte, gar eine geheimnisvolle Macht dahinter stehe, ist für Freud unwissenschaftlich und hat in seinem deterministischen Denken keinen Platz.

Verstehen wir Schicksal als ein anonymes, undurchschaubares Etwas, das ohne bestimmte Absicht in unser Leben einwirkt, erinnert das an ein Verständnis von Schicksal, das im Altertum als blindes Fatum verstanden wurde, das ohne Ansehen der Person und ohne Gründe einfach zuschlägt. Dieses Verständnis von Schicksal, das in der Regel mit tragischen Ereignissen, die unausweichlich und unwiderrufbar ihren Lauf nehmen, verbunden wird, begegnet uns oft in der Mythologie oder in Liebesromanen.

Dort erfahren wir von dem gut aussehenden, verwitweten Arzt, der noch schwer mit dem Tod seiner geliebten Gattin zu kämpfen hat, der beschließt, einen Neuanfang zu wagen. Er will alles hinter sich lassen. In der Abgeschiedenheit eines kleinen schwedischen Dorfes hofft er, die Schatten der Vergangenheit abstreifen zu können. Er beabsichtigt, einen heruntergekommenen Hof am Rande der Ortschaft zu renovieren und hier sein neues Leben zu beginnen. Zur gleichen Zeit, am anderen Ende des Dorfes, kehrt eine junge Frau nach vielen Jahren der Abwesenheit erstmals an ihren Geburtsort zurück. Ihre behütete Kindheit im Schoße einer liebenden Familie wurde damals durch den schrecklichen Unfall ihrer Schwester erschüttert. Die junge Frau gibt sich selbst die Schuld an diesem Unglück und hatte ihr Heimatdorf verlassen, um nicht dauernd daran erinnert zu werden. Einem Impuls folgend, wagt sie es nun erstmals, sich ihren Erinnerungen zu stellen …

Eine geheimnisvolle, verborgene Kraft, die auf ein Ziel ausgerichtet ist

Der englische Begriff für Schicksal als blindes Fatum, das einfach zuschlägt, ist *fate*. Wenn ich dagegen von dem englischen Begriff *destiny* ausgehe, der auch mit Schicksal übersetzt werden kann, weitet sich das Verständnis von Schicksal. Der Begriff *destiny* leitet sich von *destine* ab, das mit bestimmen, hingeben, heiligen übersetzt werden kann. Weiter ist *destiny* mit dem Begriff *destination* verwandt, der eine Bewegung in eine bestimmte Richtung, auf ein bestimmtes Ziel hin andeutet (vgl. May 1981, 89). Schicksal ist auf diesem Hintergrund nicht mehr nur etwas Willkürliches, das unausweichlich auf einen zukommt und in der Regel mit etwas Negativem verbunden ist. Jetzt wird das Verständnis von Schicksal in so etwas wie Bestimmung eingebettet. Es liegt ihm mitunter eine Absicht, ein Ziel zugrunde. Es steht in einem möglichen Zusammenhang mit einer Kraft oder Macht, die auf eine geheimnisvolle Weise dahinter steht. Hingabe und Heiligung können dabei eine Rolle spielen.

Ich gehe bei meinen Überlegungen davon aus, dass bei unserem Schicksal eine geheimnisvolle, verborgene Kraft, die auf ein Ziel ausgerichtet ist, mitwirkt, wohl wissend, dass man das auch anders sehen kann. Viele haben sich mit dieser Frage befasst und haben dabei zu ganz unterschiedlichen Antworten gefunden. Darunter befinden sich viele Theologen wie etwa Paul Tillich oder Romano Guardini, der kurz nach dem 2.Weltkrieg ein Buch mit dem Titel *Freiheit Gnade Schicksal* (1948) veröffentlichte. Darin schreibt er: »Ich erfahre das Schicksal als etwas Numinoses. Es ist mit geheimnisvoller Energie geladen und hat Macht über mich. Es ›will‹ etwas von mir, oder wider mich, oder über mich hinaus.« Viele andere Theologen und Philosophen gäbe es noch zu erwähnen, die sich mit dem Schicksal und der Freiheit auseinandergesetzt haben.

Doch auch Psychologen haben sich mit dem Schicksal beschäftigt. Ihre Überlegungen zum Schicksal als einer geheimnisvollen, im Verborgenen wirkenden, zielgerichteten Kraft fallen verständlicherweise zurückhaltender aus als die der Theologen. Sie zeugen von einer großen Breite, die von totaler Ablehnung einer solchen Vorstellung bis hin zu einer Offenheit für die Möglichkeit einer solchen geheimnisvoll wirkenden Kraft reicht.

Offenheit für das Geheimnisvolle

Eine Offenheit für die Möglichkeit einer geheimnisvoll wirkenden Kraft setzt natürlich voraus, dass es im Verständnis jener Psychologen eine Offenheit für das Geheimnisvolle an sich gibt. Im deterministischen Denken Sigmund Freuds gibt es keinen Platz für das Geheimnisvolle, geschweige denn für eine geheimnisvoll wirkende Kraft. Das ist aber nicht typisch für die Psychoanalyse. So spricht der Psychoanalytiker Erik Erikson, einer der Pioniere der Entwicklungspsychologie, von einer Art existenzieller Identität, aus der in ›letzter Linie‹ unsere psychosoziale Identität hervorgeht. Diese existenzielle Identität bezeichnet er als »numinosen Mittelpunkt der Existenz« (1992, 95). Das aber heißt für mich, dass es neben den inneren und äußeren Einflüssen, die uns mit beeinflussen und prägen, einen numinosen – und das ist ja ein anderes Wort für geheimnisvoll – Mittelpunkt gibt, der entscheidend ist für unser je eigenes Selbstverständnis. Wer hinter diesem numinosen Mittelpunkt steckt, lässt Erikson offen.

Ich erinnere mich an einen Vortrag von Erik Erikson in der Grace Kathedrale in San Francisco. Der betagte Erik Erikson stand im Altarbereich und sprach über das Bibelwort: »Wenn ihr nicht umkehrt und werdet wie die Kinder, werdet ihr nicht in das Himmelreich einkehren.« Er strahlte mit seinem schneeweißen Haar Würde aus. Seine Stimme war schwach, aber deutlich. Für mich hatte dieser Auftritt, in diesem Kontext, etwas Numinoses an sich. Er sprach mit einer Altersgüte und großer Feinfühligkeit über Kinder, machte Mut, in uns das ursprünglich Kindliche zu bewahren, und stellte das in einen Zusammenhang mit einer Aussage aus dem Neuen Testament. Ich erwähne das, weil ich meine, dass hier bei Erik Erikson eine Offenheit für das Geheimnisvolle – zumindest für mich – zu spüren war.

Das gilt auch für die wachstumsorientierte Psychotherapie, die mit Namen wie Abraham Maslow, Carl Rogers oder Fritz Perls in Zusammenhang gebracht wird. Wenn ich es richtig sehe, wird dort zur Kenntnis genommen, dass es Gegebenheiten in unserem Leben gibt, die man als Schicksal bezeichnen kann und die unseren Freiheitsspielraum einengen. Auch gibt es Stimmen, die dabei das Wirken einer höheren Macht nicht von vorneherein ausschließen.

Als ich den Begründer der Gesprächspsychotherapie, Carl Rogers, einige Jahre vor seinem Tod in seinem Haus in La Jolla besuchte, berichtete er mir, dass er über ein Medium mit seiner Frau Kontakt aufgenommen habe. Er zeigte sich offen gegenüber spirituellen Erfahrungen und meinte, dass Gott in der Liebe zweier Menschen präsent sein kann. Eine Offenheit gegenüber einer allgemeinen Spiritualität deutete sich an, als er im Zusammenhang mit therapeutischen Begegnungen davon sprach, dass er dann, wenn er sich entspanne und dem transzendentalen Kern von sich nahe komme, sich manchmal auf eine Weise verhalte, die er rational nicht begründen kann und die nichts mit seinem Denkprozess zu tun habe, aber dieses seltsame Verhalten sich merkwürdigerweise als richtig erweise. »Es ist, als habe meine Seele Fühler ausgestreckt und die Seele des anderen berührt. Unsere Beziehung transzendiert sich selbst und wird ein Teil von etwas Größerem. Starke Wachstums- und Heilungskräfte und große Energien sind vorhanden« (1981, 79 f.).

Die existenzielle Psychotherapie, die Irvin Yalom vertritt und für die Namen wie Viktor Frankl, Medard Boss oder Viktor von Gebsattel stehen, schätzt viele Einsichten der Humanistischen Psychologie, unterscheidet sich aber von ihr, indem sie immer auch »die menschliche Begrenztheit und die tragischen Dimensionen der Existenz« (Yalom 2005, 31) im Blick hat und betont. Schicksal verstanden als Gegebenheiten, an denen wir nichts verändern können, in die wir hineingeboren oder auch hineingeworfen werden, wie es Martin Heidegger formuliert, werden deutlich erkannt und ganz bewusst aufgezeigt, damit wir uns mit ihnen auseinandersetzen, ihnen ins Auge sehen und uns ihnen stellen.

Schicksal als geheimnisvoll verborgen wirkende Kraft spielt dabei je nach Vertreter oder Vertreterin dieses therapeutischen Ansatzes eine Rolle oder auch keine. Während, wie erwähnt, Irvin D. Yalom in seinem Denken dafür keinen Platz hat, plädiert Martin

Heidegger (1986, 25), der wichtige Beiträge für die philosophischen Grundlagen der existenziellen Psychotherapie geleistet hat, in einem Vortrag zum Thema Gelassenheit für eine Offenheit für das Geheimnis, das uns zusammen mit der Gelassenheit niemals von selbst zufällt. Sie sind für ihn nichts Zu-fälliges, sondern gedeihen aus einem herzhaften Denken. Damit sagt er natürlich noch nicht, dass er im Schicksal auch eine geheimnisvoll wirkende Kraft sieht. Es gibt für ihn aber das Geheimnisvolle, von dem eine Gelassenheit vermittelnde Kraft ausgeht.

»Als würde mich das Universum zu meiner eigenen Entwicklung hinleiten«

Phil Stutz, Psychiater, und Barry Michels, der zunächst Jura studierte, bevor er sich für die Psychotherapie entschied, haben mit ihrem Buch *The Tools*, das 2012 erschien, in therapeutischen Kreisen Aufsehen erregt, gerade weil sie bei ihrem therapeutischen Modell davon ausgehen, dass es eine Kraft gibt, die geheimnisvoll, verborgen wirkt. Diese Kraft nennen sie *die Quelle,* die unerschöpflich zu sein scheint. Es waren zunächst persönliche Erfahrungen, die Barry Michels (2012, 38) veranlassten, sich zu fragen, »ob nicht bestimmte Ereignisse in meinem Leben von einer höheren Intelligenz im Voraus geplant worden waren«. Er hatte zwar zuvor schon bei dem Tiefenpsychologen C.G. Jung gelesen, dass dieser nicht an Zufälle glaubte und das Geheimnisvolle in dessen Werken eine große Rolle spielte. Doch dessen Vorstellungen beeindruckten ihn zunächst nicht mehr als ein Meisterwerk, das irgendwo in einem Museum hängt. Erst nach einem für ihn sehr wichtigen Traum konnte er eine verborgene Verkettung zwischen entscheidenden Eingriffen in seinem Leben spüren. »Es war mir, als würde mich das Universum zu meiner eigenen Entwicklung hinleiten« (2012, 238), schreibt er darüber.

Phil Stutz und Barry Michels plädieren auf dem Hintergrund dieser Erfahrungen (2012, 260) in ihrem Buch *The Tools* für eine Offenheit gegenüber dem Wirken von höheren Kräften, wobei für sie wichtig ist, »sich sein eigenes Bild von deren Wesen zu machen«. Entscheidend ist, die Wirkung dieses Glaubens an höhere, spirituelle Kräfte mit unserem ganzen Sein zu erfahren. Sie sprechen von einer neuen Spiritualität, die darauf basiert, »dass jeder Mensch einzigartig ist« (2012, 260) und man es den Einzelnen überlassen muss, an welche Spiritualität er glaubt bzw. welche Form von Spiritualität er praktiziert.

Weiter schreiben sie: »Da gibt es Katholiken, die meditieren, und Protestanten, die zur Jungfrau Maria beten; ganz zu schweigen von den vielen jüdischen Buddhisten. Es wäre leichtfertig zu behaupten, dass die Leute aus Unwissenheit so handeln – immer mehr Menschen wollen einfach ihren eigenen spirituellen Instinkten folgen und wählen das, was am besten für sie passt (2012, 261).

In ihrer therapeutischen Praxis stellen sie fest, wie die Offenheit gegenüber der Spiritualität zunimmt, und gerade die Menschen, die früher nur spöttisch gelächelt hätten bei der Erwähnung höherer Kräfte, überraschen jetzt mit Bemerkungen wie: »Ich glaube, dass nichts ohne Grund geschieht« (2012, 264f.).

Phil Stutz und Barry Michels greifen für mich damit auf, was Rollo May schon vor Jahrzehnten erkannte, als er sich dafür aussprach, in der Psychotherapie und der Spiritualität keine Gegenspieler zu sehen, sondern sie als Angebote und Möglichkeiten zu verstehen, die sich gegenseitig bereichern können. Ich erinnere mich noch gut an einen Brief von Rollo May – ich hatte ihm ein Buch von mir gewidmet –, in dem er mir schrieb, wie wichtig es sei, Psychotherapie und Spiritualität zusammenbringen.

Wir leben in einer Welt, die geheimnisvoll ist

Im Denken von C.G. Jung spielen Schicksal und das Geheimnisvolle eine große Rolle. Als C.G. Jung sich in jungen Jahren die Frage stellte, in welche Richtung er sich innerhalb der Medizin spezialisieren wollte, stieß er anscheinend zufällig auf ein Lehrbuch der Psychiatrie, was letztlich dazu führte, dass er den Entschluss fasste, Psychiater zu werden. Seinen Entschluss dazu bezeichnet er als ein Fatum, was man mit Schicksal übersetzen kann. Für ihn war dieses Zusammenwirken so, wie wenn zwei Ströme sich vereinigt hätten und in großer Bewegung ihn unwiederbringlich zu fernen Zielen führten.

Der inzwischen verstorbene Pastoraltheologe Joseph Goldbrunner gehört zu den Theologen, die sehr früh die Bedeutung des tiefenpsychologischen Ansatzes von C.G. Jung für die Theologie, vor allem auch für die Seelsorge, entdeckt haben. Ich bin Joseph Goldbrunner im Rahmen einer Gastvorlesung der Theologischen Fakultät der Universität Regensburg begegnet. Er erzählte mir damals, dass Carl Gustav Jung auf ihn aufmerksam geworden sei, nachdem er ein Buch über die Tiefenpsychologie und seine Bedeutung für die Seelsorge geschrieben hatte. C.G. Jung habe ihn daraufhin zu sich nach Hause eingeladen.

Nach dem Abendessen ging C.G. Jung mit ihm in sein Arbeitszimmer. »Den Charakter des Arbeitszimmers prägte das Fenster: drei große Scheiben aus Buntglas, auf denen die Szenen der Passionsgeschichte dargestellt waren: die Geißelung Christi, seine Kreuzigung und die Grablegung. Man konnte einen Vorhang vor dieses nach Westen gerichtete Fenster ziehen, um sich vor der untergehenden Sonne abzuschirmen, und sorgfältig hinter diesem Vorhang verborgen hing an der Wand ein Foto vom Turiner Grabtuch, von dem Jung immer als dem Linceul du Christ sprach« (Bair, 2003, 537). C.G. Jung führte Joseph Goldbrunner zu diesem

Foto und sagte zu ihm sinngemäß: »Ich bin nur noch an dem Unsichtbaren, dem Geheimnisvollen, interessiert.«

Für C.G. Jung (1990, 358) war es wichtig, dass wir Menschen »ein Geheimnis haben und die Ahnung von etwas nicht Wissbarem. Es erfüllt das Leben mit etwas Unpersönlichem, einem Numinosum. Wer das nie erfahren hat, hat Wichtiges verpasst. Der Mensch muss spüren, dass er in einer Welt lebt, die in einer gewissen Hinsicht geheimnisvoll ist, dass in ihr Dinge geschehen und erfahren werden können, die unerklärbar bleiben, und nicht nur solche, die sich innerhalb der Erwartung ereignen. Das Unerwartete und das Unerhörte gehören in diese Welt. Nur dann ist das Leben ganz. Für mich war die Welt von Anfang an unendlich groß und unfasslich.«

Wenn man das liest, kann man gut verstehen, dass Sigmund Freud mit seinem deterministischen Ansatz und C.G. Jung mit seiner Offenheit für das Geheimnisvolle irgendwann getrennte Wege gehen mussten. Auch wenn für C.G. Jung für dieses Unerklärbare und Geheimnisvolle keine transzendentalen Ursachen infrage kommen, da eine Ursache feststellbar, etwas »Transzendentales« aber nicht feststellbar ist, findet die Vorstellung vom Schicksal als einer geheimnisvollen, im Verborgenen wirkenden und auf ein Ziel ausgerichteten Kraft meiner Ansicht nach in den Vorstellungen von C.G. Jung Platz.

Vom Wirken einer höheren Macht

Das eine ist, wie Psychologen über eine geheimnisvolle, im Verborgenen wirkende Kraft denken, das andere wie jeder für sich dazu steht. Die einen glauben an das Wirken und Eingreifen des Universums, Gottes, einer Macht, die größer ist als wir und die einen größeren Einfluss auf unser Leben haben kann, als wir selber es tun. Andere gehen davon aus, dass wir einfach ins Leben hineingeworfen wurden und es allein an uns liegt, das Beste daraus für uns zu machen.

Sosehr ich persönlich davon überzeugt bin, dass es diese Kraft gibt, die auf unser Leben Einfluss hat, heißt das für mich nicht, dass ich auf jene herabschaue, die das anders sehen. Ob Blaise Pascal recht hat, wenn er meint, dass der besser dran ist, der sich für Gott entscheidet, auch wenn sich am Ende seines Lebens herausstellt, dass es Gott nicht gibt, als jener, der sich dagegen entscheidet, um dann am Ende feststellen zu müssen, dass es ihn doch gibt, wird sich weisen. Für was wir uns entscheiden, das genau gehört auch zu unserer Freiheit.

Manche, die an das Wirken einer höheren Macht glauben, machen es sich teilweise zu leicht, so, wenn sie die Möglichkeiten, die sie eigentlich haben, nicht nutzen oder, aus Angst, ihre Freiheit und Möglichkeiten zu nutzen, hinter ihren Möglichkeiten zurückbleiben. Sie suchen dann zu schnell Zuflucht bei einer höheren Macht, Gott. Sie müssen sich fragen, ob sie mit ihren religiösen Überzeugungen der Auseinandersetzung mit ihrer Freiheit und der eigenen Verantwortung für ihr Leben aus dem Weg gehen wollen, im Unterschied zu Personen, die nicht an das Wirken einer höheren Macht glauben, was sie jedoch dazu motiviert, alle ihnen gegebenen Möglichkeiten zu nutzen.

Der Glaube an das Wirken einer höheren Macht kann aber auch dazu führen, das in uns liegende Potenzial so gut es geht – auch mithilfe dieser Macht – zu entfalten. Ich tue dann das Meine und lasse bewusst die Kraft in mir und an mir wirken, die davon beseelt ist, dass ich, so gut es von den inneren und äußeren Bedingungen her möglich ist, das tue, was ich als meine Bestimmung, als mein Schicksal erachte.

»Das Schicksal ist zu niemandem ungerecht.
Wir sind alle frei, zu lieben oder zu hassen.«

PAULO COELHO

SCHICKSAL UND FREIHEIT – MIT DEM SCHICKSAL KOOPERIEREN

Das Schicksal als Basis unserer Freiheit

Was also gilt nun? Eine Welt, in der wir Menschen ein Zufallsprodukt sind und es an uns liegt, das Beste daraus zu machen? Oder eine Welt, hinter der ein für uns oft nicht erkennbarer Plan steckt und in der das Schicksal Platz hat, das als eine geheimnisvoll im Verborgenen wirksame Kraft in unser persönliches Leben hineinwirkt? Wer weiß es?

Entscheidend ist, unabhängig davon, ob wir uns als Zufallsprodukt oder als von geheimnisvollen Kräften oder einer höheren Macht beeinflusst verstehen, wie wir auf unser Schicksal reagieren.

Diese Einstellung wird unterstützt, wenn man sich intensiver mit dem Thema Schicksal und Freiheit auseinandersetzt und dabei auf Vorstellungen stößt, die sehr wohl eine Beteiligung von unserer Seite am Schicksal sehen, ja für notwendig erachten, damit das Schicksal verwirklicht bzw. vollendet werden kann. Zunächst, so der erste Eindruck, ist Schicksal etwas, das einfach vorgegeben ist, dem wir uns nicht entziehen können, dem wir einfach ausgeliefert sind, an dem wir auf jeden Fall nicht beteiligt sind. Tatsächlich gibt es auch Vorgegebenheiten in unserem Leben, bei denen unser Spielraum, uns in Freiheit für oder gegen etwas entscheiden zu können, sehr begrenzt zu sein scheint, ja gleich null ist. Es sind Gegebenheiten, die wir nicht auf die Seite schieben, die wir nicht einfach ausradieren können. Sie sind Teil unseres Lebens, das umfangen ist von unserem Schicksal.

Dennoch handelt es sich bei unserem Schicksal nicht nur um eine »eigenartige Macht, die entscheidet, was mit mir passiert«, so der protestantische Theologe Paul Tillich (1956, 216). »Es bin ich selbst, so wie ich bin, wie ich von der Natur, der Geschichte und mir selbst geformt wurde.« Unsere Entscheidungen gehen aus unserem Schicksal hervor, das »die unbegrenzte breite Basis unseres zentrierten Selbst« ist; »die Greifbarkeit unseres Seins, die all unsere Entscheidungen zu unseren Entscheidungen werden lässt« (ebd.). Unser Schicksal ist demnach die Basis unserer Freiheit. Unsere Freiheit trägt dazu bei, unser Schicksal zu verwirklichen. So bewegt sich unser Leben zwischen Schicksal und Freiheit.

Ähnlich sieht das auch der Theologe Romano Guardini (1948, 217), wenn er schreibt: »Das Schicksal kommt von außen an mich heran, liegt aber zugleich von vorneherein in mir selbst. Es ist nicht so, dass ich fertig wäre und dann aus Natur und Geschichte Schicksal an mich heranträte, sondern ich selbst bin mein Schicksal.« Immerfort »bestimme ich das scheinbar objektiv an mich Herantretende mit, wähle aus den Möglichkeiten des Geschehens einzelne heraus, rufe und lenke sie. So ist das Schicksal das aus der Fremdheit der Welt über mich Kommende ... andererseits wieder das Verwandte, ja Eigene ... die Form, wie ich mich selbst verwirkliche.«

Eine solche Aussage muss man erst einmal auf sich wirken lassen, vermittelt sie doch ein ganz anderes Verständnis von Schicksal als die gängige Vorstellung, bei der wir Schicksal als etwas verstehen, das uns einfach passiert. Wir beginnen zu ahnen, dass unsere Freiheit zwar nicht grenzenlos ist, sie aber durch unser Schicksal nicht einfach ausgelöscht wird. Wir können unser Schicksal nicht auf die Seite schieben, wir können aber entscheiden, wie wir auf unser Schicksal reagieren und dabei die uns gegebenen Möglichkeiten nutzen. Wir nehmen so unser Schicksal zur Kenntnis und kooperieren mit ihm (vgl. May 1981, 23). Im anderen Fall kapitulieren wir vor unserem Schicksal, ohne den uns verbleibenden Spielraum freier Entscheidung zu nutzen. Oder wir lehnen uns gegen unser Schicksal auf, um schließlich die Erfahrung zu machen, dass das zwecklos ist.

Sind wir wirklich frei?

Jetzt hat die Stunde unserer Freiheit geschlagen. So mag man zunächst denken. Doch wie steht es um unsere Freiheit angesichts unseres Schicksals? Sind wir wirklich frei? Können wir uns wirklich frei entscheiden? Es gibt viele Bereiche in unserem Leben, in denen wir uns hinsichtlich unserer Freiheit eingeschränkt erfahren. Wir sind in eine Welt, in eine Kultur, in eine Gesellschaft, in eine Familie hineingeboren, die uns in vielerlei Hinsicht beeinflusst und geprägt hat. Viele Vorstellungen von dem, was anscheinend richtig oder falsch ist, haben wir von unserer Umwelt übernommen, viele Verbote haben sich tief in unser Herz eingenistet. Welche Erwartungen werden da nicht an uns gestellt in der Schule, im Beruf, in der Gemeinde, in der Familie, in der wir leben? Wie frei fühlen wir uns da, uns nicht an die geltenden Spielregeln zu halten, Dinge zu tun und Meinungen zu vertreten, die von den gängigen Vorstellungen abweichen? Wenn wir genauer hinschauen, müssen wir feststellen, dass wir in unserem alltäglichen Leben in vielerlei Hinsicht »Gefangene« in vorgegebenen Systemen sind bzw. uns zumindest oft so erleben.

Das sind nur wenige Beispiele, an denen deutlich werden kann, in welche Rolle wir manchmal gezwängt werden, sodass wir uns nicht wirklich frei fühlen, das zu tun und das zu lassen, was wir für richtig erachten. Was bleibt da wirklich von unsrer Freiheit übrig? Können wir uns wirklich frei entscheiden? Können wir frei entscheiden, was wir glauben, was wir für richtig erachten, was wir tun wollen, was wir lassen müssen? Es gibt viele Bereiche in unserem Leben, in denen wir uns hinsichtlich unserer Freiheit eingeschränkt erfahren. In besonderer Weise trifft das auf die Vorgegebenheiten zu, die wir als Schicksal erleben. Was bleibt da noch von unserer Freiheit übrig? Machen wir uns nichts vor, wenn wir dennoch von Freiheit sprechen?

Sensibel werden für die Möglichkeiten unserer Freiheit und sie nutzen

Also, sind wir frei? Wenn wir beginnen, uns darüber Gedanken zu machen, sind wir zumindest einen Schritt weiter auf unserem Weg zur Wahrnehmung unserer Freiheit. Wir werden – hoffentlich – wacher und sensibler dafür, was unsere Freiheit möglicherweise beeinträchtigt und was wir tun können, um das zu beheben. Jetzt kann es ernst werden mit unserer Freiheit, liegt es doch dann auch an uns, wie wir mit unserer Freiheit umgehen, was wir tun, was wir lassen, wofür wir uns entscheiden.

Das kann der Moment sein, bei dem wir auf eine grundsätzliche Weise mit unserer Autonomie in Kontakt kommen, wir uns als Personen sehen, die von ihrem Wesen her frei sind. Wir betrachten dann das, was uns beeinflusst, nicht länger als etwas, das selbstverständlich vorgegeben ist. Wir werden uns bewusst, dass wir dem, was uns durch Erziehung, kirchliche und gesellschaftliche Einflüsse vorgegeben worden ist und uns vielleicht auch geprägt hat, nicht einfach ausgesetzt sind, sondern Stellung dazu nehmen können. Wir können in Distanz zu dem treten, was und wer uns beeinflusst. Wir schauen genauer hin und fällen dann unser Urteil darüber.

Das betrifft zunächst einmal die vielen kleinen Entscheidungen, die wir im Alltag treffen, ob wir am Sonntag in den Gottesdienst gehen oder nicht gehen. Wir können darüber entscheiden, ob wir aus einer Organisation, etwa einer Partei, der wir Jahrzehnte angehörten, austreten, weil wir schon lange nicht mehr die von ihr vertretenen Vorstellungen teilen, sie aber auf der anderen Seite über eine lange Zeit so etwas wie eine Heimat für uns bedeutete. Unsere Freiheit kommt weiter ins Spiel bei grundsätzlicheren Entscheidungen, die auch den Bereich des Schicksalhaften tangieren. So sind viele Begabungen vorgegeben, doch was wir aus ihnen machen, hängt auch von uns ab. Für den Einzelnen kommt es darauf an, auf der Basis seiner Vorgegebenheiten, seines Schicksals, die ihm möglichen Entscheidungen zu treffen. Darin besteht unsere Freiheit, die wir nutzen können oder auch nicht. Wir entscheiden nicht über die politischen und kulturellen Gegebenheiten, in die wir zwar hineingeboren werden, doch wir sind ihnen auch nicht einfach nur ausgeliefert, sondern können durch Wahlen, Aktionen usw. auf sie reagieren und damit unsere Freiheit umsetzen.

Ich habe mich in diesen Tagen einmal intensiver um den Nachlass meines Vaters gekümmert. Mein Vater war ein sehr ordnungsliebender Mensch, der alles archiviert und aufgehoben hat, auch alle Rechnungen. Die ältesten stammen aus dem Jahr 1945. Mir wurde deutlich, als ich die Rechnungen genauer anschaute, wie sehr mein Vater darunter litt, aufgrund des Krieges kein Abitur machen zu können. Er versuchte das auszugleichen, indem er sich viele Bücher und Fachzeitschriften bestellte, obwohl das Budget dafür sehr begrenzt war. Er machte etwas aus seiner Begabung, brachte es im politischen Bereich zu etwas und war ein begnadeter Redner. Ich erinnere mich gut daran, wie ich ihm voller Stolz zuhörte, wenn er als Bürgermeisterstellvertreter vor dem Alten Rathaus meiner Heimatstadt am Totengedenktag oder bei der Begrüßung von Honoratioren eine Rede hielt. Dabei sprach er immer frei. Er übte seine Reden laut vor sich hin sprechend zuvor in seinem Arbeitszimmer ein. Mein Vater hätte auch einen anderen Weg einschlagen können. Doch er hatte sich für diesen Weg entschieden und daraus für sich eine große Befriedigung gewonnen. Wie der Einzelne mit seinem Schicksal umgeht, ob er sich von ihm herausfordern lässt, was er aus seinem Schicksal macht, wofür er sich entscheidet, das liegt auch an ihm. Die Menschen, die in einem Slum in Daressalam in Tansania zur Welt kommen, sind in vielerlei Hinsicht benachteiligt gegenüber Personen, die in einer wohlhabenden Arztfamilie in Deutschland groß werden. Das Schicksal, die Vorgegebenheiten unterscheiden sich deutlich voneinander. Doch kann man einfach sagen, wer im Wohlstand heranwächst ist freier als der, der in Armut lebt? Es hängt nicht nur, aber auch von uns ab, ob wir wirklich frei sind und von den Möglichkeiten unserer Freiheit Gebrauch machen.

Mit unserem Kerndasein in Berührung kommen

Kooperieren wir mit unserem Schicksal, heißt das nicht notwendigerweise, dass wir uns ihm einfach anpassen. Wir lassen uns auf die Konfrontation mit unserem Schicksal ein und nutzen – hoffentlich – die uns gebliebenen Möglichkeiten, für die wir durch die Konfrontation mit unserem Schicksal sensibler geworden sind. Wir bleiben, herausgefordert durch das Schicksal, vielleicht nicht länger am Vordergründigen hängen. Wir konzentrieren uns auf unsere bloße Existenz, bei der nur zählt, worum es letztendlich geht. Das aber ist nicht, ob ich Papst oder verheiratet bin, ob ich Katholik oder Atheist bin, ob ich reich oder arm bin, ob ich gesund oder krank bin, ob ich schwul oder heterosexuell bin. Da geht es vielmehr um unser Sein.

Die Ärztin Elisabeth Kübler-Ross berichtet von HIV-positiven Patienten, bei denen der Virus ausgebrochen war und die wussten, dass sie nicht mehr lange leben würden, wie sich ihre Krankheit, wie sie es nannte, als ein verstecktes Geschenk erwies. Sie lebten die ihnen verbliebene Zeit ganz bewusst und mit einer Intensität wie nie zuvor in ihrem Leben. Sie hätten sich auch, was man gut nachvollziehen kann, dafür entscheiden können, einfach, vielleicht auch verbittert, auf den Tod zu warten. Doch sie entschieden sich dafür, jeden Tag ganz bewusst zu erleben und das, was sie noch erleben durften, den letzten Frühling, das letzte Weihnachten, zu würdigen, dafür dankbar zu sein und mit einer bisher nie gekannten inneren Wachheit zu genießen und zu feiern. Für sie war es wichtig, mit ihrem Kerndasein in Berührung zu kommen und das zu würdigen, was bei allem, was mir genommen worden ist, geblieben ist. Dass ich bin, lebe, atme.

Erst wenn ich mit meinem Kerndasein in Berührung bin, dem, was übrig bleibt, wenn ich alle Schichten abgestreift habe, die ich nur anscheinend bin, und von dort heraus lebe, lebe ich aus meinem Sein, dem, was ich wirklich bin. Jetzt erst bin ich auch in der Lage, frei zu entscheiden, bin es doch jetzt wirklich ich, der sich aus der Tiefe seines Seins heraus entscheidet. Ich lasse mich von dem Vordergründigen nicht ablenken, halte mich nicht fest an dem, was mir genommen wurde.

Ich komme vor allem aber in Berührung mit diesem letztlich unfassbaren Geschenk und Geheimnis, dass ich bin, wo ich doch auch nicht sein könnte. Ich bekomme eine Ahnung davon, welch radikale Freiheit sich mir durch mein Sein eröffnet, eine Freiheit, die ich mir durch nichts und niemanden nehmen lasse. Der gesellschaftliche oder kirchliche Kontext, in dem ich lebe, wirtschaftliche Gegebenheiten, die familiäre Situation, die Bedeutung von Gesundheit, Erfolg, Ansehen, Schicksal, das alles ist Teil meines Lebens und wird es bis zum Ende meines Lebens bleiben. Doch es ist nicht alles und es ist, wenn es darauf ankommt, nicht unbedingt das Entscheidende.

Existenzielle Freiheit

Es gibt in mir ein Zentrum, einen Bereich, über den niemand verfügen kann. Bin ich in Berührung mit diesem Zentrum, dann bin ich in Berührung mit dem Zentrum meiner absoluten Freiheit. Und das inmitten einer Welt, einer persönlichen und gesellschaftlichen Welt, die mich an tausend Stellen und Orten einschränkt, die meine Freiheit anscheinend oder auch tatsächlich ständig beeinträchtigt. Doch diese Welt vermag den Bereich meiner existenziellen Freiheit nicht zu berühren, gar zu beeinflussen. Rollo May (1981, 23) spricht hier von innerer Freiheit, im Unterschied zur äußeren Freiheit, etwa in einem Land zu leben, in dem wir uns frei bewegen können und in dem es freie Wahlen gibt usw. Diese existenzielle bzw. innere Freiheit zeigt sich in unserer Einstellung zu einer vorgegebenen Situation, und da auch zu unserem Schicksal. Der heilige Augustinus nennt sie größere Freiheit, die Freiheit des Seins, im Unterschied zu der Freiheit des Handelns, die er die kleine Freiheit nennt.

Die Einstellung des weit bekannten Kinderpsychologen Bruno Bettelheim zu seinem zweijährigen KZ-Aufenthalt ist ein solches Beispiel für innere Freiheit. Äußerlich betrachtet war er in dieser Zeit den Schikanen der SS machtlos ausgesetzt. Doch, so berichtet Bruno Bettelheim von dieser schlimmen Zeit, verfügte er inmitten der äußeren Unfreiheit über die innere Freiheit, zu entscheiden, welche Einstellung er gegenüber seinen Unterdrückern einnimmt.

Wie innere, existenzielle Freiheit aussehen kann, demonstriert auf eine sehr eindrucksvolle und bewegende Weise Rollo May (1981, 55 f.) anhand eines Interviews mit einem Gefangenen des berüchtigten Gefängnisses San Quentin in Kalifornien. In diesem Interview teilt der Gefangene mit:

»Ich bin von meiner Familie getrennt worden. Ich bin beraubt worden von der Möglichkeit, meinen kleinen Jungen zu berühren. Sie haben die Sonne, den Mond und die Sterne vor mir versteckt. An die Stelle von Erde, Blumen und allem, was warm und sanft ist, haben sie mir ihren Beton und ihren Stahl vorgesetzt.

Der Wind, der durch meine Haare weht, ist durch Regeln in meinen Ohren ersetzt worden.

Alle Tränen sind verboten auf dem Flur – die Kraft meiner Muskeln wird durch Ketten und Fußfesseln festgehalten.

Sie haben versucht meine Existenz zu negieren und sind dabei beinahe erfolgreich gewesen. Sie haben mich mit fast nichts mehr zurückgelassen, außer einem inneren Kern, einem geheimnisvollen, persönlichen Platz, den zu erreichen ihnen bis jetzt noch nicht gelungen ist.

Auch wenn ich manchmal in Depression falle und mir ist, als sei ich dabei aufzugeben, so erfüllt mich die Entdeckung meiner Gedanken mit Freude. Denn solange sie keine Möglichkeit haben, mir meine Gedanken zu nehmen, so lange bin ich frei. Wissen ist Freiheit, und es ist die Quelle von Hoffnung an diesem hoffnungslosen Platz. Ein Mensch kann ohne äußere Freiheit, aber nicht ohne existenzielle Freiheit leben.«

Unser Schicksal kann uns mit schrecklichen Umständen konfrontieren. Manche sehen für sich in solchen Situationen keinen anderen Ausweg als Verzweiflung oder den Freitod. Niemandem steht es zu, darüber zu urteilen, wie jemand für sich solche Situationen verarbeitet. Bruno Bettelheim und dem Gefangenen in San Quentin gelang es aber, inmitten der Unfreiheit, der sie ausgesetzt waren, sich die innere Freiheit zu bewahren. Sie waren damit vielleicht auf eine gewisse Weise freier als die Schergen des Konzentrationslagers oder die Gefängniswärter.

Der Glaube an einen unzerstörbaren Bereich ins uns

Anderen hilft in solchen Situationen auch ihre Überzeugung und ihr Glaube, dass es in ihnen einen unzerstörbaren Bereich gibt, zu dem niemand Zutritt hat und über den niemand verfügen kann außer sie selbst, Gott oder der und die, denen sie Zutritt in diesen Raum gewähren. Diese Einstellung meine ich auch beim Benediktinerpater Sales Hess (1995) zu entdecken, den ich noch als Geschichtslehrer erleben durfte. In seinem Buch *Dachau – eine Welt ohne Gott* schreibt er über seinen Aufenthalt und seine Erfahrungen im KZ Dachau:

»Was konnten jene Menschen ohne Gott uns antun? Sie konnten wohl den Leib aushungern und töten, aber der Seele konnten sie nicht schaden« (124).

Pater Sales Hess und viele andere mit ihm wussten nicht nur um einen unzerstörbaren Teil in sich, ihre Seele, ihr Innerstes. Sie wussten sich und erfuhren sich getragen von Gott, dem sie ein unerschütterliches Vertrauen entgegenbrachten. Aus diesem Glauben erwuchs ihnen die Souveränität und die Kraft, die sie ihre äußerst schwierige Situation in Würde und mit innerer Freiheit bestehen ließ. Ähnlich erging es Etty Hillesum (2010, 147), die als junge Frau in den Niederlanden dem Terror der Nazis ausgesetzt war. Auch als ihre äußere Freiheit immer mehr beschnitten wurde, war sie davon überzeugt, dass einem »das Allerletzte im Inneren nicht genommen werden kann«. In ihrem Tagebuch schreibt sie:

»Viele Leute werfen mir Gleichgültigkeit und Passivität vor und sagen, dass ich mich zu leicht ergebe. Sie sagen, jeder, der sich vor ihren Klauen retten könne, müsse es versuchen, er sei dazu verpflichtet. Ich solle etwas für mich selbst tun. Aber das ist eine Rechnung, die nicht aufgeht. Zurzeit ist nämlich jeder damit beschäftigt, etwas für sich zu tun, sich zu retten, und doch müssen viele, sehr viele sogar, gehen. Das Komische ist: Ich fühle mich gar nicht in ihren Klauen, weder wenn ich bleibe, noch wenn ich abtransportiert werde. Ich finde das alles so klischeehaft und primitiv, ich kann diese Argumente überhaupt nicht verstehen, ich fühle mich in niemandes Klauen, ich fühle mich nur in Gottes Armen, um es mal pathetisch zu sagen, und ob ich nun hier an dem mir so lieben und vertrauten Schreibtisch sitze oder ob ich im nächsten Monat in einer armseligen Kammer im Judenviertel hause oder vielleicht in einem Arbeitslager unter SS-Bewachung stehe, ich werde mich überall und immer, glaube ich, in Gottes Armen fühlen. Man wird mich möglicherweise körperlich zugrunde richten, aber mir weiter nichts anhaben können. Vielleicht werde ich der Verzweiflung anheimfallen und Entbehrungen erdulden müssen, die ich mir in meinen düstersten Fantasien nicht vorstellen kann. Und doch ist das alles belanglos, gemessen an dem Gefühl endloser Weite und Gottes Vertrauen und innerer Erlebnisfähigkeit. Es kann sein, dass ich alles unterschätze.«

Das sind Worte, die von einer inneren Freiheit künden, die einen sprachlos macht. Worte, die mich auch nicht zum Widerspruch reizen, sondern mich voller Hochachtung vor dieser jungen Frau verneigen lassen. Eine solche Einstellung zum Schicksal könnte natürlich sehr schnell auch als Fatalismus, als »Entmutigung oder Schwäche« verstanden werden, bei der, so Romano Guardini (1948, 229), »der Lebenswille vor dem Übermächtigen und Unverständlichen« kapituliert. So könnte der erste Eindruck sein.

Doch wenn ich genauer hinschaue, nimmt Etty Hillesum mutig den Kampf mit dem Schicksal auf, freilich nicht, indem sie offen Widerstand leistet, die Mächtigen provoziert oder dergleichen tut. Es gibt Situationen in unserem Leben, in denen auch dieser offene Kampf um die äußere Freiheit notwendig ist und ein Sich-Zurückziehen, ein Sich-kampflos-Ergeben Ausdruck von Feigheit oder Fatalismus sein kann. Etty Hillesum macht in ihrer Situation von ihrer Freiheit Gebrauch, indem sie es mit ihrem Schicksal aufnimmt. Einmal kämpft sie mit ihm und ringt ihm dabei inmitten aller anscheinenden Trostlosigkeit so manches ab. Sie zieht dem Schicksal den Stachel. Dann wieder umarmt sie ihr Schicksal und beeinflusst und gestaltet es damit. »Entscheidend ist letzten Endes, wie man das Leiden, das in diesem Leben eine wesentliche Rolle spielt, trägt und erträgt und innerlich verarbeitet und dass man einen Teil seiner Seele unverletzt über alles hinwegrettet« (2010, 142 f.), schreibt sie.

Im Schicksal einen Sinn entdecken

Innere Freiheit zeigt sich weiter darin, in der Lage zu sein, in unserem Schicksal einen Sinn zu entdecken. Der Begründer der Logotherapie Viktor Frankl hat bei seinem Aufenthalt im Konzentrationslager die Erfahrung gemacht, dass Häftlinge am ehesten überlebten, die in ihrem Leiden einen Sinn fanden. Dem Schicksal ausgeliefert, waren sie in der Lage, zu ihrem Schicksal Stellung zu nehmen und ihm beziehungsweise dem, was sich daraus an Leid für sie ergab, einen Sinn zuzuschreiben. Sie waren damit ihrem Schicksal und ihrem Leid nicht länger einfach nur ausgesetzt, ohne damit die schreckliche und ungeheuerliche äußere Situation zu beschönigen. Sie konnten die leidvolle Erfahrung in einen breiteren Kontext stellen. Die Suche danach kann lange dauern und schwierig sein.

Auch für die Opfer beziehungsweise Überlebenden sexuellen Missbrauchs kann es für ihren Heilungsprozess wichtig sein, in dem, was ihnen durch den Missbrauch angetan worden ist, einen »Sinn« zu finden. Nicht, dass der Missbrauch gerechtfertigt werden kann. Um Gottes willen – nein! Da ist kein Sinn dahinter zu finden. Der Missbrauch ist durch nichts zu rechtfertigen. Er kann nur abgelehnt und verurteilt werden. Gemeint ist, dass das Opfer, der Überlebende sexuellen Missbrauchs in dem, was sich durch diese Erfahrung in ihm verändert hat, etwas entdecken, etwas sehen kann, dem er eine Bedeutung, einen Sinn zusprechen kann. Die Kalifornierin Jaycee Dugard beispielsweise, die fast 20 Jahre lang zusammen mit ihren beiden durch den Entführer gezeugten Töchtern als Sexsklavin festgehalten worden war, wurde 2009 befreit. Durch ihr Engagement für andere Opfer versucht sie seitdem, ihrem Leben einen Sinn zu geben (vgl. Frankfurter Allgemeine Sonntagszeitung vom 12.5.2013).

Konrad Stauss (2010, 28), der als Therapeut mit vielen Opfern sexuellen Missbrauchs gearbeitet hat, schreibt: »Ein wichtiger Bestandteil des Vergebungs- und Versöhnungsprozesses ist, dass das Opfer der erlittenen Verletzung einen Sinn zuweist. Das könnte z. B. bedeuten, dass das Opfer erlebt, wie es durch seine Vergebung einen wichtigen Reifungs- und Lernschritt vollzogen hat, der ohne die erlittene Verletzung und deren Vergebung nicht möglich gewesen wäre.«

Von der Freiheit, unser Schicksal zu gestalten

Ich kann mich gegen das Schicksal, mein Schicksal, auflehnen. Ich kann daran scheitern, kann ein Leben lang darüber verbittert sein, kann daran verzweifeln. Und derjenige, der selbst Schicksalsschläge erlitten hat, der die Erfahrung gemacht hat oder glaubt, vom Schicksal nicht gut behandelt zu werden, kann das verstehen, kann er sich doch in die Situation derer, die davon betroffen sind, einfühlen. Das ist die eine Seite.

Die andere Seite ist, dass uns das zumindest auf Dauer nicht davon abhalten sollte, nach Wegen zu suchen, wie wir mit dem Schicksal kooperieren können, die Möglichkeiten, die wir haben, die uns bleiben, für uns entdecken, die Chancen, die sich aus unserer Situation ergeben, für uns nutzen. Wir sollten uns vor allem aber nicht die Freiheit nehmen lassen, von uns her auf unser Schicksal zu reagieren und zu entscheiden, wie wir damit umgehen wollen. Wir geben dann nicht einfach auf, nehmen nicht alles als einfach gegeben und vorgegeben an, kämpfen vielleicht auch mit dem Schicksal. Vor allem mit den empirischen Möglichkeiten. Denn der »Bestand der jeweiligen Situation wie der Zusammenhang des Lebensganzen sind ja nicht starr. Sie bestehen ... nicht nur aus Notwendigkeiten, denen der Mensch sich fügen muss, sondern auch aus Tatsachen, an denen die Freiheit des Menschen ansetzen kann: aus Kräften, die er lenken, aus Zuständen, die er formen, aus Fließendem, das er zusammenhalten, aus Hindernissen, die er überwinden kann« (Guardini 1948, 227):

Es wird Zeiten geben, in denen wir uns gegen das Schicksal auflehnen, Situationen, in denen wir mit dem Schicksal kämpfen, Umstände, bei denen wir mit dem Schicksal kooperieren. Dann wird es aber auch Situationen geben, bei denen wir uns – in Freiheit – dem Schicksal überlassen. »Der Mensch löst sich dann vom individuellen Durchsetzungswillen und gibt den Widerstand auf; ein Einvernehmen bildet sich zwischen ihm und dem Schicksal, und er wird getragen. Psychologisch gesehen: der Kampf der Selbstbehauptung, das Blindmachende des Rechthabens, die Unruhe des Planens hören auf; eine Offenheit für das, was werden will, eine Fühlsamkeit für den richtigen Gang der Dinge entstehen und ermöglichen richtiges Handeln« (Guardini 1948, 229 f.).

Ken Wilber beschreibt in seinem Buch *Mut und Gnade*, wie seine Frau, kurz nachdem er sie geheiratet hatte, mit der Nachricht konfrontiert wurde, dass sie Brustkrebs hat. Es dauerte fünf Jahre, bis sie daran starb, Jahre, die von Höhen und Tiefen gekennzeichnet waren, die Phasen der Entfremdung zwischen ihm und seiner Frau kannten und Zeiten großer Nähe. Ken Wilber (in: Creutzfeldt-Glees 2007, 58) traf angesichts dieses Schicksals, das zunächst seine Frau, dann aber auch ihn betraf, die Entscheidung, bis zum Schluss für seine Frau da zu sein. Er schreibt darüber: »Die Existenzialisten haben recht, wenn sie sagen, dass wir zu unseren einmal gefällten Entscheidungen stehen müssen; unsere Entscheidungen formen unser Schicksal. Wenn wir nicht zu unseren Entscheidungen stehen, ist das ›Treulosigkeit‹ und führt zu ›unauthentischem Sein‹. Entscheidungen haben mich angehalten, durch alle Hochs und Tiefs bei meiner Frau zu bleiben und sie bis zum Ende ihrer Krankheit zu begleiten.« Er gesteht ein, dass er oft Zweifel hatte, doch er blieb bei seinem Versprechen. Es war seine Entscheidung, diese Rolle fortzuführen, und er »tut, was er als ›selbstloses Dienen‹ der Mystiker beschreibt: anderen dienen. Er wollte lieben und dienen, wie Mutter Teresa sagt: ›Lieben, bis es wehtut‹« (58).

Wenn man das liest, beginnt man zu ahnen, was das heißt, wenn Paul Tillich schreibt: »Mein Schicksal ist die Basis meiner Freiheit; meine Freiheit trägt dazu bei, mein Schicksal zu formen.« Ken Wilber zielt in die gleiche Richtung, wenn er meint, unsere Entscheidungen formen unser Schicksal. Jetzt binden wir die Freiheit ein in das Schicksal. Sie ist nicht länger ein Gegenspieler unseres Schicksals, sondern wird zum Mitspieler. Wir gebrauchen unsere Freiheit, indem wir mit dem Schicksal, mit unserem Schicksal, kooperieren, und das kann auch manchmal heißen, uns – in Freiheit – dem Schicksal, unserem Schicksal, zu überlassen.

»Die Angst ist die Möglichkeit der Freiheit.«

SÖREN KIERKEGAARD

ANGST UND FREIHEIT

Zur Freiheit verdammt?

Wir sind unserem Schicksal nicht einfach hilflos ausgesetzt. Es liegt auch an uns, wie wir das Schicksal zu *unserem* Schicksal machen. Das ist unser Part. An dieser Stelle beginnen unsere Verantwortung und unsere Freiheit. Ab da wird es spannend. Jetzt ist das Schicksal nicht länger nur etwas Vorgegebenes und Schicksalhaftes, dem wir ausgesetzt sind. Jetzt sind wir herausgefordert, in der Auseinandersetzung mit unserem Schicksal von unserer Verantwortung und Freiheit Gebrauch zu machen.

Doch – Hand aufs Herz – wollen wir das wirklich? Wollen wir uns wirklich die Freiheit nehmen, selbst zu entscheiden, was wir wollen? Auf den ersten Blick – so vermute ich – wollen wir das natürlich. Doch, wenn wir genauer hinschauen und uns dabei bewusst wird, dass wir dann auch die Verantwortung für die Folgen unserer Entscheidungen übernehmen müssen, sind wir uns vielleicht nicht mehr ganz so sicher, ob wir wirklich von unserer Freiheit Gebrauch machen wollen. Wir kommen mit der unangenehmen Seite von Freiheit in Berührung: der Angst, die die Freiheit im Kielwasser mit sich führt. Es ist die Angst, die sich einstellt, wenn wir dabei sind, Neuland zu betreten und nicht im Voraus zu wissen, was auf uns zukommt, zu was unsere Entscheidungen führen werden. Im Lichte einer existenziellen Perspektive von Leben wird diese Angst vor der Freiheit noch verständlicher. Denn, so Irvin D. Yalom (2005): »In ihrer existenziellen Bedeutung heißt ›Freiheit‹ die Abwesenheit von äußeren Strukturen. Im Gegensatz zur täglichen Erfahrung betritt das menschliche Wesen kein wohlgeordnetes Universum mit einem ihm innewohnenden Plan. Das Individuum hat vielmehr die völlige Verantwortung – im Sinne von Urheberschaft – für seine oder ihre eigene Welt, Lebensentwurf und Handlungen. ›Freiheit‹ in diesem Sinne hat eine erschreckende Bedeutung: Sie bedeutet, dass es unter uns keinen Grund gibt – nichts, eine Leere, einen Abgrund.«

Wenn wir zunächst einmal davon ausgehen, dass es keine Strukturen oder überirdischen Instanzen – wie Gott – gibt, die uns vorgeben, was wir zu tun haben, kann es einem angesichts einer solchen Freiheit und Verantwortung in der Tat, wie der Philosoph Sören Kierkegaard meint, schwindelig werden. Doch es bleibt uns gar nichts anderes übrig, als uns unserer Verantwortung zu stellen. Selbst wenn wir uns nicht entscheiden, haben wir die Entscheidung, uns nicht zu entscheiden, und die Konsequenzen, die sich daraus ergeben, zu verantworten. »Wir können daher dieser Verantwortung, dieser Freiheit, nicht aus dem Weg gehen« (Yalom 2009, 137 f.), sind, um es mit dem Philosophen Jean-Paul Sartre zu sagen: »zur Freiheit verdammt«.

Was uns unbedingt angeht

Ich muss gestehen, dass mich die Vorstellung, dass da ein Nichts ist, wo ich glaubte, es gäbe eine Struktur, eine Orientierung, einen Halt, in Angst versetzt. Ich komme mir wie nackt vor, entblößt aller Orientierungen und Lebensphilosophien, die bisher ein Gefühl von Sicherheit vermittelten. Ich kann daher auch verstehen, dass diese Angst, man spricht hier auch von existenzieller Angst, so stark sein kann, dass manche es vorziehen, sich nicht zu entscheiden, damit aber auch sich weigern, die Verantwortung für ihr Leben zu übernehmen. Sie sind sich nicht länger sicher, ob sie frei sein wollen, verlangt das doch, die Verantwortung für ihr Leben übernehmen zu müssen. Das kann dazu führen, dass sie eine ambivalente Haltung gegenüber ihrer Freiheit einnehmen, bis dahin, dass sie diese lieber an andere abtreten.

Ich versuche, mich von solchen Vorstellungen, wonach da ein Nichts ist, herausfordern zu lassen. Und zunächst einmal auch die Situation auszuhalten; und ich möchte andere ermutigen, das auch zu tun. Gelingt es uns, kommen wir mit der Angst in Berührung, die, uns oft unbewusst, in uns vorhanden ist, uns gelegentlich auch beschleicht, sosehr wir auch versuchen, ihr aus dem Weg zu gehen. Wir drapieren – verständlicherweise – unser Leben und unser Dasein mit Strukturen, Sinngehalten, manche würden auch sagen mit der Vorstellung von einem Gott aus, die uns ein Gefühl von Zugehörigkeit und Sicherheit vermitteln sollen. Jetzt soll dahinter und darunter ein Nichts sein und wir ohne diese Absicherungen den Seiltanz wagen, in Freiheit selbst zu entscheiden?

Wenn wir solche Gedanken zulassen, verlassen wir die alltägliche Haltung und Einstellung zu unserem Leben und gelangen zu einer tieferen, grundsätzlicheren Haltung. Das aber ist, sosehr uns diese Vorstellung in Angst versetzen kann, die Voraussetzung für einen ehrlichen, ungeschminkten Umgang mit unserem Leben, bei dem wir uns mit dem beschäftigen, was uns grundsätzlich angeht. Dazu gehört neben unserer Endlichkeit und unserem Tod, dem richtigen Umgang mit unserer Freiheit, die Konfrontation und unserem existenziellen Alleinsein, die Suche nach Sinn, die Auseinandersetzung mit unserer existenziellen Angst, die uns ständig untergründig begleitet.

Wir machen uns dann nicht länger etwas vor. Wir bleiben nicht länger an der Außenseite stehen, betrachten und beurteilen unsere Welt und unsere Probleme nicht nur oberflächlich. Wir dringen jetzt tiefer in sie ein, gehen sie grundsätzlicher, von unserem Kerndasein her, an. Das aber ist, was übrig bleibt, wenn wir alle Ablenkungen durchsieben, alle vorgeprägten Theorien und Glaubensüberzeugungen (für den Moment) einklammern (vgl. Yalom 2010, 193). Wir stellen uns unserer Bodenlosigkeit und der Angst, die sich einstellt, uns manchmal geradezu überfällt, wenn wir uns dessen bewusst werden. Wir versuchen den Schrecken und die Angst, die sich im Bewusstsein, »dass es unter uns keinen Grund gibt – nichts, eine Leere, einen Abgrund«, einstellt (Yalom 2005, 19), zu überwinden und die Verantwortung für unser Leben wahrzunehmen. Um dann auch – zumindest für den, für den das stimmt – aus der Tiefe unseres Seins heraus in Freiheit unser Bemühen und unsere Verantwortung in das Wirken einer größeren Macht, Gottes, hineinzustellen. Die Verantwortung für unser Leben und seine Gestaltung wird uns damit nicht aus der Hand genommen. Sie wird eingebettet in unser Sich-Überlassen an das Größere, an Gott.

Die Ausschau nach dem großen Retter

Angesichts solcher existenzieller Angst ist es verständlich, dass wir nach dem großen Retter Ausschau halten, es gerne hätten, dass ein anderer für uns entscheidet. Manchmal kann auch unsere Sehnsucht nach einem allmächtigen Vater, der es für uns richtet, aus einer solchen Angst geboren werden. »Timor facit deos«, »die Angst lässt uns Götter erschaffen«, schreibt der römische Dichter Lukrez.

Für mich persönlich ist mein Glaube an Gott wichtig. Auch vertraue ich darauf, dass Gott mich unterstützt bei der Bewältigung meiner Angst. Wenn ich auf mein Leben zurückschaue, dann gab es viele Situationen, in denen ich aus Angst, aus der Erfahrung von Hilflosigkeit und der Unfähigkeit, eine Entscheidung treffen zu können, mich zu Gott flüchtete. Ich halte das für legitim und habe in solchen Situationen auch Unterstützung, Trost und Heilung erfahren. Ich sehe aber auch die Gefahr, dass ich Gott, die Beziehung zu ihm, dazu benutzen kann, um meiner Angst vor der Freiheit und der Verantwortung für mein Leben aus dem Weg zu gehen. Statt mich meiner Angst zu stellen und mithilfe Gottes durch sie hindurchzugehen, versuche ich sie zu umgehen. Das aber behindert und verhindert meinen Wachstumsprozess, zu dem meine Fähigkeit zählt, die in mir steckenden Möglichkeiten, Talente, meine Kreativität zur Gestaltung und Bewältigung meines Lebens einzusetzen und damit die Verantwortung für mein Leben zu übernehmen. Daher bin ich darauf bedacht, mich nicht zu schnell in die Obhut Gottes zu flüchten, sondern mich auch mit seiner Hilfe meiner Angst zu stellen.

Ich habe es schon oft erlebt, dass Menschen zu schnell aufgeben, sich zu schnell verkriechen und sich in die spirituelle Welt zurückziehen, wo es nötig gewesen wäre, sich mithilfe ihrer Spiritualität dem Leben zu stellen, Entscheidungen zu treffen und die Verantwortung für ihr Leben zu übernehmen. Gott wird dann dazu benutzt, die Lücke zu füllen, für etwas herhalten zu müssen, für das er nicht herhalten kann: etwa den Schmerz darüber, nicht in der Beziehung zu leben, nach der wir uns sehnen, nicht den Beruf ausüben zu können, der uns zufrieden sein lässt. Dabei sind auch wir es, die dafür verantwortlich sein können, wenn wir uns in eine Scheinwelt flüchten, die uns anscheinend aus der Verantwortung nimmt, uns dem Leben zu stellen, unser Leben zu gestalten, uns in Beziehungen zu wagen.

Anders verhält es sich, wenn Gott für uns zum Begleiter wird, der uns motiviert, uns aufzumachen, nach vorne zu gehen, auf andere zuzugehen, unser Leben zu gestalten. Er gibt uns dann die Kraft, schenkt uns die Energie, die wir dazu benötigen. Gott wirkt in unserer Sehnsucht, die uns nicht aufgeben lässt, bis zum Schluss uns aufzumachen, das zu erreichen, worin wir unsere Erfüllung finden, ohne dabei zu vergessen, dass alle Symphonien unseres Lebens unvollendet bleiben, wir nie ganz da hinkommen werden, wohin es uns verlangt, ein Rest von Traurigkeit und Unerfülltheit immer bleiben wird. Das kann auch deswegen so sein, damit wir nicht stehen bleiben, sondern weitergehen, Ausschau halten, nicht aufhören, unser Leben zu schaffen und zu gestalten – bis zum Schluss.

Angst, die uns lähmt

Die Angst vor der Freiheit kann so stark sein, dass wir es vorziehen, uns nicht zu entscheiden, nicht bereit sind, die Verantwortung für unser Leben zu übernehmen. Sie kann uns lähmen, in die Resignation oder Verzweiflung treiben. Bei nicht wenigen Menschen ist das auch der Fall. Wie oft bin ich schon Menschen begegnet, die nicht bereit oder nicht in der Lage waren, von ihrer Freiheit Gebrauch zu machen, weil sie Angst hatten vor dem, was danach kommt, wenn sie den Partner verlassen und dann keinen anderen finden, wenn sie sich um ein Amt bewerben, aber nicht zum Zuge kommen, wenn sie einen sicheren Arbeitsplatz verlassen, weil sie sich dort nicht wohlfühlen, und einer freiberuflichen Tätigkeit nachgehen, dann aber scheitern. So ziehen sie es vor, ihrer Freiheit und der Verantwortung, die damit einhergeht, aus dem Weg zu gehen.

Das kann so weit gehen, dass manche, um diese Angst zu vermeiden, das »man« der eigenen Individualität vorziehen, indem sie sich an das Vorgegebene anpassen. »Leute haben solche Angst davor, anders als die anderen zu sein, dass sie sich anpassen, schlucken, was ihnen vorgesetzt wird«, so der Schock-Rocker Marilyn Manson in der Süddeutschen Zeitung (2003, Nr. VIII). Statt den mühsamen, angstbesetzten Weg zu gehen, der damit verbunden ist, will ich mein Selbst zur Entfaltung bringen, verschanzen sie sich hinter dem anscheinend sicheren Schutzschild der Konformität. Sie vergeben sich damit die Chance, ihre eigene Kraft zur Verwirklichung ihrer selbst und ihres Lebens einzubringen. Indem sie wegrennen von Situationen, die Angst hervorrufen, angeblich um sich zu schützen oder zu retten, tragen sie dazu bei, dass ein »schales, schwaches, unwirkliches Gefühl von Sein« (May 1983, 107 f.) zurückbleibt.

Sehr anschaulich beschreibt das Matthias Jung (2007, 107) anhand folgender Geschichte: »Ein Mann sitzt im Bummelzug. Bei jeder Station steckt er den Kopf zum Fenster hinaus, liest den Ortsnamen und stöhnt. Nach einigen Stationen fragt ihn sein Gegenüber besorgt: »Tut Ihnen etwas weh? Was ist los?« Da antwortet der Mann: »Eigentlich müsste ich aussteigen. Ich fahre dauernd in die falsche Richtung. Aber hier drin ist es so schön warm.« So lange wie nur möglich, möchten wir in der Komfortzone verbleiben, die uns anscheinend vor dem Schmerz bewahrt. Wir bilden uns ein, dass die Komfortzone unserem Leben Sicherheit gibt, »dabei engt sie es in Wirklichkeit ein« (Stutz & Michels 2012, 27).

»Alte, vertraute Bahnen zu verlassen ist immer schwer«, schreibt Matthias Jung, (2007, 132): »Wir suhlen uns lieber im alten, vertrauten seelischen Sumpf unserer Charaktermacken und Beziehungsverschrobenheiten. Es fällt uns unglaublich schwer, einmal aufzustehen, das Bisherige kritisch zu betrachten, es gegebenenfalls zu verlassen und hinter den sieben Bergen nach dem neuen Glück zu suchen.« Schauen wir auf die Situation von Pfarrer Heinz und Frau Brunner.

Pfarrer Heinz, katholischer Priester, unterhält seit vielen Jahren eine heimliche Beziehung zu Frau Brunner, die seit 15 Jahren verheiratet ist. Immer wieder nehmen sie sich vor, sich nicht mehr zu treffen. Sie leiden darunter, dass sie sich nur im Geheimen treffen und ihre Beziehung nicht wirklich leben können. Auch gab es schon einige Situationen, in denen sie sich im letzten Moment vor peinlichen Begegnungen mit Leuten, die sie kennen, schützen konnten. Sie sind aber nicht in der Lage, eine Entscheidung zu treffen, die sie weiterführen würde: der Verzicht aufeinander oder der Verzicht auf das Priesteramt auf seiner Seite, die Trennung vom Ehepartner auf ihrer Seite. Ihre Angst, sich auf Neues einzulassen, was mit vielen Unsicherheiten verbunden ist, hält sie davon ab. Sie verharren in der Komfortzone, die so angenehm gar nicht ist, da sie ihre Beziehung weiterhin nur eingeschränkt leben können, die ihnen aber angesichts der Unsicherheit, die mit radikaleren Lösungen verbunden ist, dennoch als erträglicher erscheint.

Doch um ein erfüllendes Leben führen und erfüllende Beziehungen leben zu können, müssen wir uns manchmal aus der Komfortzone hinauswagen, müssen wir uns unserer Angst stellen, dürfen uns von ihr nicht ins Bockshorn jagen lassen.

Es gibt einen seelischen Schmerz und zu dem kann auch unsere Angst gehören, ein Schmerz, den wir aushalten müssen, wenn wir etwas Neues wagen, wollen wir nicht schrumpfen. Die Schauspielerin Maria Furtwängler wird mit den Worten zitiert, dass sie sich entschlossen habe, die Komfortzone zu verlassen, indem sie sich in Los Angeles in Schauspielschulen neu herausfordern ließ, um ihre Versagensängste zu bewältigen. Sie hätte allen Grund nach ihren Erfolgen, sich auszuruhen, weiter einen Tatortkrimi nach dem anderen zu drehen, doch sie spürte offensichtlich, dass da noch mehr ist, was sie verwirklichen möchte. Das verlangt aber von ihr, sich dem Schmerz auszusetzen, der sie bisher davon abgehalten hat, Neues und mehr zu wagen.

Angst, die zum Leben antreibt

Es gibt also eine Angst vor der Freiheit, die sich einstellen kann, wenn wir etwas Neues wagen, Entscheidungen treffen müssen, Schritte unternehmen müssen, von denen wir nicht hundertprozentig wissen, wohin sie uns letztlich führen werden. Diese kann uns lähmen, sodass wir vor der Angst zu Kreuze kriechen. Doch wenn wir uns den notwendigen Lebensprozessen gegenüber nicht verschließen, dürfen wir uns von dieser Angst nicht abhalten lassen, den Mut zu haben, uns auf neues Terrain zu wagen. Sie ist der Preis, den wir für unsere Freiheit zahlen müssen.

Stellen wir uns aber dieser Angst, bleiben wir nicht länger passiv, sondern treten in Aktion, schaffen wir etwas, sind wir kreativ. Jetzt kann sich unsere Angst als ein Motor erweisen, der uns in Bewegung setzt, der uns nach vorne gehen lässt. Man hat Angst, sagt der Philosoph Sören Kierkegaard, weil es möglich ist, etwas zu schaffen, das eigene Selbst zu kreieren.

»Das Kind lernt gehen und kommt schließlich in die Schule, der Erwachsene heiratet und übernimmt einen neuen Job. Solche Möglichkeiten gehen einher mit Angst, wie Wege, die vor einem liegen und die man nicht kennen kann, solange man sie nicht gegangen ist und erfahren hat«, verdeutlicht Rollo May (1977, 38) Kierkegaards These. Die Angst kann uns herausfordern, uns ihr zu stellen, es darauf ankommen zu lassen, wer tatsächlich stärker ist. Das aber erfordert viel Kreativität, Ausdauer, Frustrationstoleranz und vor allem großen Mut. Wer die Angst überwindet, sich von ihr nicht abhalten lässt, Leben zu wagen, der nutzt sein Potenzial, schöpft es aus.

Es verhält sich wie im Gleichnis vom anvertrauten Geld im Matthäusevangelium (25,14 f.). Diejenigen, die fünf bzw. zwei Talente erhalten hatten, gewannen fünf bzw. zwei weitere dazu. Derjenige, der nur eins erhalten hatte, »ging und grub ein Loch in die Erde und versteckte das Geld seines Herrn«. Später, als er sein Talent wieder zurückbrachte, sagte er: »Weil ich Angst hatte, habe ich dein Geld in der Erde versteckt. Hier hast du es wieder.« Wer gegen die Angst angeht, die ihn daran hindert, die ihm gegebenen Möglichkeiten zu nutzen, der gewinnt dazu. Wer aber vor lauter Angst sich versteckt, seine Möglichkeiten ungenutzt lässt, der kann nur verlieren. In der Sprache der Tiefenpsychologie formuliert das Jolande Jacobi (1965, 26) mit den Worten: »Nur wer den Lebensweg tapfer beschreitet und besteht, nur wer sich mutig ins Leben hineinstellt, keinen Kampf und Ausweg scheut, wer keiner Erfahrung ausweicht, dessen Persönlichkeit wird voller ausreifen als die Persönlichkeit jenes Menschen, der sich stets auf der gesicherten Seite des Weges aufzuhalten trachtete.«

Freiheit wagen

Wenn wir angesichts der Angst, die sich unsrer bemächtigt, ja herausgefordert durch sie mit unserer Möglichkeit der Freiheit in Berührung kommen, wird uns bewusst, dass es auch von uns, unseren Entscheidungen abhängt, wie es weitergeht in unserem Leben. Daraus kann uns Lust am Leben erwachsen, die Lust darauf, das »man« zu sprengen und frei zu leben. Uns geht dann auf, wie es Hermann Hesse (1977, 5) in seinem *Demian* so treffend beschreibt: »Jeder Mensch aber ist nicht nur er selber, er ist auch nur der einmalige, ganz besondere, in jedem Falle wichtige und merkwürdige Punkt, wo die Entscheidungen der Welt sich kreuzen, nur einmal und so nie wieder …«

In diesem Augenblick findet eine Wende in meiner Haltung und meinem Verhalten statt. Aus dem Bewusstsein, dass ich auch mitentscheiden kann und entscheiden muss, wie ich »so erfüllt, glücklich, ethisch und sinnvoll wie möglich« (Yalom 2010, 194) leben kann, erwächst mir die Lust und die Kraft, Freiheit zu wagen, die Möglichkeit, die mir meine Freiheit bietet, zu nutzen und damit die Verantwortung für mein Leben zu übernehmen. Das ist der Beginn eines neuen Freiheitsgefühls, ein Aufwachen, das mich in eine größere Unabhängigkeit und Emanzipation führt. Es spornt mich an, von diesem neuen Gefühl der Freiheit Gebrauch zu machen, mit meiner Freiheit ernst zu machen.

Wenn mir wirklich bewusst wird, dass es auch an mir liegt, was ich tue oder lasse, wie ich mich entscheide, ja, es im Tiefsten von mir abhängt, ob und wie ich mich entscheide, kann ich etwas, mich, der Angst entgegensetzen. So werde ich ermächtigt, spüre ich die Macht und die Kraft, über die ich verfüge, um mein Leben in die Hand zu nehmen. Jetzt habe ich den Mut, meinem Leben zuliebe der Angst zu begegnen. Das kann heißen, um »es in Bildern zu beschreiben: das Fallschirmspringen zu lernen; das kann in einem Fall die Entscheidung sein, freiberuflich zu arbeiten, zum anderen, endlich die Kinder ihren Weg ziehen zu lassen und sich auf die eigenen Socken zu machen. Oder zu einer Liebesbeziehung zu stehen; Abgrenzung gegenüber Schwiegereltern zu leben; selbstbewusst aufzutreten, den Beruf zu wechseln, vor allem aber Neues zu lernen und ins Leben zu integrieren« (Jung 2007, 137). Mein Leben wird dadurch nicht unbedingt einfacher, aber es bleibt auf alle Fälle aufregend und spannend und es ist mein von mir verantwortetes Leben. Mir gefällt in diesem Zusammenhang folgendes Gedicht von Joachim Durrang:

DIE MARIONETTE

Die Fäden der Marionette
sind in die Wolke geknüpft
Das Bein zappelt
der Arm
Sie bewegt den Mund
zeigt die Zähne
Die Zunge ist ein
hölzernes Organ
stammelt Wörter
Sie reißt die Schnüre los
Die Beine hüpfen
Sie schlenkert die Hände
beginnt zu singen
in der freien Luft
hüpft von Wolke
zu Wolke

Wir schaffen unsere Freiheit

Wenn ich innerlich aufwache und mir bewusst wird, dass ich über meine Freiheit verfügen kann und es jetzt auch will, wird mir schnell deutlich werden, dass meine Freiheit nichts Fertiges, einfach Gegebenes ist, sondern Freiheit immer nur eine Möglichkeit darstellt, die ich mir jeden Tag und jeden Moment neu schaffen muss. »Die größte Tugend besteht nicht darin, frei zu sein, sondern unablässig nach Freiheit zu streben«, sagt der Romanschriftsteller Nikos Kazantzakis (in: May 1980, 52). Wir müssen immer wieder zuerst die Angst überwinden, die uns daran hindert, uns die Freiheit zu nehmen, uns auf etwas Neues, Ungewohntes einzulassen. Wir schaffen unsere Freiheit, setzen sie um, leben sie, indem wir gegen die Angst Schritte in eine neue Richtung, in eine Gegend wagen, die uns unvertraut ist. Ich spreche endlich die Frau an, die ich sympathisch finde, statt wie bisher die direkte Begegnung mit ihr zu vermeiden. Es liegt an mir, ob ich die Möglichkeit zur Freiheit zur Wirklichkeit von Freiheit mache und diese Person anspreche oder aber, da ich nicht weiß, wie mein Versuch ausgeht, von der Möglichkeit meiner Freiheit keinen Gebrauch mache und es lieber lasse. Oder ich habe endlich den Mut, mich kritisch zu Missständen in der Kirche zu äußern, obwohl ich mit Repressalien rechnen muss.

Ich befinde mich in den USA auf einer Konferenz. Einige der Teilnehmer kenne ich von früher, andere sind mir unbekannt. Einige will ich näher kennenlernen, da sie für mich beruflich wichtig sind. Es liegt an mir, ob ich auf sie zugehe, obwohl ich die englische Sprache nicht perfekt beherrsche. Es liegt an mir, ob ich es wage, mich zu »zeigen«, mich zu wagen, mich herausfordern zu lassen.

Solange wir unsere Freiheit nicht umsetzen, bleibt sie eine Freiheit auf dem Papier. Sie ist zwar als Möglichkeit vorhanden, doch sie lebt nicht. Wir erwecken sie zum Leben, sobald wir in Aktion treten und dadurch – was immer auch geschieht – unser Leben erweitern. Gebrauchen wir unsere Freiheit, nehmen wir die Möglichkeit wahr, jeden Augenblick unseres Lebens mit zu gestalten. Es liegt auch entscheidend an uns, ob wir unser Leben erweitern, wie wir uns in einer gegebenen Situation verhalten.

Wer aber die Angst überwunden hat, der lebt in Gott

Der Lehrer, Arzt und Schriftsteller Oliver Wendell Holmes, der im 19. Jahrhundert lebte, schrieb: »Wie schade ist es um Menschen, die nie singen und ihr Lied mit ins Grab nehmen.« Phil Stutz und Barry Michels (2012, 38 f.) kommentieren diese Erkenntnis mit den Worten: »Es ist eine Tragödie zu sterben, ohne sein Lied gesungen zu haben. Noch schlimmer ist es, dass wir selbst schuld daran sind – wir bringen uns selbst zum Schweigen.«

Die Angst vor dem Leben, die Angst vor der Verantwortung, die sich für uns ergibt, wenn wir von unserer Freiheit Gebrauch machen, hält uns davon ab, die Möglichkeiten, die das Leben uns im Kontext unseres Schicksals und unserer Bestimmung bietet, zu nutzen. Sie verleitet uns dazu, uns auf zu viele Kompromisse einzulassen, uns anderen unterzuordnen, uns aufzugeben, statt zu unserer Wirklichkeit und Wahrheit zu stehen.

Diese Angst wird bis zum Lebensende ein treuer Begleiter sein. Das sollte uns aber gerade nicht davon abhalten, uns dem Leben zu stellen und die uns geschenkte Freiheit wahrzunehmen. Wir schauen der Angst ins Gesicht, stellen uns ihr, um dabei die Erfahrung zu machen, dass sie nicht unbedingt stärker ist als wir. Gelingt es uns, irgendwann, uns dem Schicksal, Gott, ganz zu überlassen, dann wird die Angst keine Macht mehr über uns haben. Das ist der Augenblick, in dem wir mit Hermann Hesse sagen können: »›In der Welt habt ihr Angst‹, hatte Jesus gesagt. Wer aber die Angst überwunden hatte, der lebte nicht mehr in der Welt, sondern in Gott, in der Ewigkeit.«

»Denn nur, wenn wir die Potenzen, die in uns verborgen sind, leben, nur dann werden wir selber mit uns zufrieden sein.«

JOACHIM GAUCK

DU HAST MEHR MÖGLICHKEITEN, ALS DU AHNST

Unser Potenzial nutzen

Es liegt auch an uns, wie wir mit unserem Schicksal umgehen, ja wir können unseren Beitrag dazu leisten, unser Schicksal, unsere Bestimmung zu gestalten und zu verwirklichen. Diese Einstellung zum Schicksal spiegelt sich sehr gut wider in dem Satz: »Du hast mehr Möglichkeiten, als du ahnst, ganz zu schweigen von den ungeahnten Möglichkeiten Gottes mit dir.« Dieser Satz fasst zusammen, was ich unter einer gelungenen Dynamik zwischen Freiheit und Schicksal verstehe, bei der Schicksal und Freiheit sich gegenseitig bedingen. Unser Schicksal fordert unsere Freiheit heraus. Ohne Schicksal würde unsere Freiheit erschlaffen.

Gehe ich davon aus, dass ich bei allem, was mir vorgegeben ist, mehr Möglichkeiten habe, als ich ahne, ergeben sich daraus weitreichende Konsequenzen für die Gestaltung meines Lebens. Die Vorstellung und die Überzeugung, dass wir mehr Möglichkeiten haben, als wir ahnen, finden wir bei der Humanistischen Psychologie. Sie vertritt die Auffassung, dass wir oft nur einen Bruchteil unseres psychischen Potenzials benutzen, wie wenn wir von den zehn Fingern, die uns zur Verfügung stehen, lediglich den kleinen Finger gebrauchen.

Als ich während meines Studiums in Kalifornien Ende der 1970er- und Anfang der 1980er-Jahre zum ersten Mal von der Human Growth Bewegung, die aus der Humanistischen Psychologie entstanden ist, hörte, war ich fasziniert von der Vorstellung, dass wir oft nur einen geringen Prozentteil unseres eigentlich vorhandenen Wachstumspotenzial nutzen. Ich habe oft das Esalen Institut in Big Sur in Kalifornien besucht, das so etwas wie das Mekka des Human Growth Movement ist. Carl Rogers, Abraham Maslow, Aldous Huxley und auch Fritz Perls, der Begründer der Gestalttherapie, waren hier. Die Besuche dort und die Auseinandersetzung mit der Humanistischen Psychologie machten mich sensibler für mein eignes oft ungenutztes Potenzial. Zugleich motivierte mich diese Erkenntnis, den Personen, denen ich später als Seelsorger und Psychotherapeut begegnete, mit der Einstellung zu begegnen: »Du hast mehr Möglichkeiten, als du ahnst.« Diese Einstellung ihnen gegenüber half ihnen, so meine Erfahrung, mit der Zeit mehr als vorher ihrem Potenzial zu trauen und es für die Gestaltung ihres Lebens zu gebrauchen.

In meiner Erinnerung ist eine Begegnung mit Carl Rogers lebendig, dem Begründer der Gesprächspsychotherapie und einem der Väter der Humanistischen Psychologie, den ich 1980, als ich in Kalifornien studierte, in seiner Wohnung in La Jolla in Südkalifornien besuchte. Als ich ihn am Ende unseres gut einstündigen Gespräches fragte – er war damals 78 Jahre alt –, was er sich denn noch von seinem Leben erwartete, antwortete er mir: »I want to grow«, also: »Ich will wachsen«. Er meinte damit, in der ihm verbleibenden Zeit das, was ihm an Entfaltungsmöglichkeiten noch gegeben ist, so gut wie möglich umzusetzen. Damals schrieb er gerade an einem neuen Buch, aus dem er mir ein Gedicht einer Kursteilnehmerin vorlas, das später unter dem Titel *A Way of*

Being (1980) erschien. In diesem Buch schreibt er über das Jahr 1979: »Als das Jahr zu Ende ging, war ich zunehmend in Berührung mit meiner Liebesfähigkeit, meiner Sinnlichkeit, meiner Sexualität. Ich war in der glücklichen Lage, Beziehungen zu finden und einzugehen, in denen ich diese Bedürfnisse leben kann. Da gab es Schmerz und Verletzungen, aber auch Freude und Tiefe ... Ich spüre, dass ich älter geworden bin und weiter wachse« (95).

Damals war ich 30 Jahre alt. Inzwischen bin ich 63 Jahre und obwohl meine Faszination über die Erkenntnisse der Humanistischen Psychologie nachgelassen hat, ich mehr als früher auch die Grenzen unseres psychischen Wachstums an mir selbst und anderen erfahren habe – meine Grundeinstellung, dass wir mehr Möglichkeiten haben, als wir ahnen, hat sich nicht geändert. Das gilt auch für die Überzeugung, dass das Freiheitspotenzial angesichts unseres Schicksals oft viel größer ist als wir denken, wir von dieser Freiheit, die wir eigentlich haben oder hätten, nur einen Bruchteil für uns nutzen.

Der Mensch muss sich jeden Tag neu schaffen

»Der Mensch muss sich jeden Tag neu schaffen. Nur, wenn wir in diesem Schöpfungsprozess bleiben, wenn wir brodeln und köcheln, können wir vielleicht Mensch sein. Wir sind Reiskörnchen in diesem Riesenkessel köchelnder Suppe«, sagt der in der Mongolei geborene Schamane und Schriftsteller Galsan Tschinag (2009, 71).

Die Vorstellung, dass wir unser Leben gestalten müssen, wir der Kapitän unseres Schiffes sind, hat etwas Faszinierendes an sich. Oft muss uns das erst wieder ins Bewusstsein gerufen werden, so sehr hat sich die Vorstellung in uns eingenistet, dass unser

Spielraum, unser Leben zu gestalten, nur sehr begrenzt ist. Bis wir entdecken, dass es an uns liegt, mit dem Vorgegebenen zu kooperieren, wir im Einvernehmen mit dem Schicksal und unserer Bestimmung die Möglichkeiten, die wir haben und die oft viel größer sind, als wir denken und manchmal vielleicht sogar wollen, nutzen können und müssen. Das heißt nicht, dass wir alles richten und machen können oder müssen. Doch solange wir darauf warten, dass es uns die anderen richten, laufen wir Gefahr, so lange zu warten, bis wir schwarz werden.

Ein Angestellter beschwert sich bei Kollegen über seinen Vorgesetzten. Dieser sei ungerecht, kritisiere ihn ständig vor anderen, sei immer unzufrieden mit ihm. Er hört nicht auf zu klagen, sagt, er habe sich auch schon beim Vorgesetzten seines Vorgesetzten beschwert. Doch der mische sich nicht ein, tue einfach gar nichts für ihn. Sein Gesprächspartner fragt ihn:

»Haben Sie jemanden, mit dem Sie darüber reden können?«

»Den andern geht es doch genauso.«

»Haben Sie mit jemandem außerhalb dieser Kollegengruppe gesprochen?«

»Da gibt es niemanden.«

»Haben Sie ernsthaft nach jemandem gesucht? Haben Sie Ihrem Chef gesagt, dass Sie sich das in Zukunft nicht gefallen lassen, dass er Sie vor anderen kritisiert?«

»Das getraue ich mich nicht.«

»Haben Sie sich schon einmal überlegt, ob Sie sich mit anderen solidarisieren können, um gemeinsam etwas zu unternehmen?«

Er zieht hilflos die Schultern hoch.

»Haben Sie schon einmal überlegt, sich woanders eine Arbeit zu suchen?«

Usw. usw. ...

Wir müssen es einfach wagen, uns immer wieder aufmachen, um das, was wir wollen, wonach wir uns zutiefst sehnen, zu erreichen, und zwar nicht erst morgen oder wenn das und jenes vorher geschehen ist, sondern jetzt, heute, hier. Mir hat die Einstellung »Du hast mehr Möglichkeiten, als du ahnst« geholfen, nicht zu schnell vor Problemen zu kapitulieren, das anscheinend Vorgegebene als unverrückbar und unveränderbar zu betrachten. Das gilt auch für psychische Probleme, zu deren Behebung ich oft mehr beitragen kann, als ich zunächst denke, ganz abgesehen davon, dass sie mich manchmal vielleicht auch auf von mir ungenutzte innerpsychische Möglichkeiten aufmerksam machen wollen (vgl. May 1981, 20).

So lassen sich manche Probleme, auch seelische Probleme, darauf zurückführen, dass wir nicht unserem Schicksal und unserer Bestimmung gemäß leben. Ich denke zum Beispiel an Depressionen, von denen der Tiefenpsychologe C.G. Jung einmal sagte, dass man sie sich als eine Dame in Schwarz vorstellen sollte, die man zu Tische bittet und fragt, was sie einem zu sagen habe. Wenn wir unseren Depressionen auf diese Weise begegnen, mag uns die Depression daran erinnern, dass wir nicht gemäß unserer Bestimmung, unseres Schicksals leben und es an der Zeit ist, sich von dem zu verabschieden, was nicht zu uns gehört. Die Depression will uns dann darauf aufmerksam machen, dass da noch ein unerfüllter Lebenstraum in uns schlummert und es wichtig ist, dass wir ihn nicht länger übergehen, sondern zum Beispiel dieses Land, in das wir immer schon einmal reisen wollten, endlich zu besuchen oder die künstlerische Seite in uns, die wir lange schon spürten, aber bisher nicht zuließen, mehr zu entfalten. All dies geschieht im Vertrauen darauf, dass wir mehr Möglichkeiten haben, als wir ahnen.

Wenn wir offen dafür sind, in unseren seelischen Problemen Hinweise für ungelebte Seiten in uns zu entdecken, kann die seelische Krise, in der wir stecken, von uns als Aufruf verstanden werden, genauer auf unser Leben zu schauen und gegebenenfalls Korrekturen vorzunehmen, um wirklich unser Leben zu leben, die uns grundsätzlich gegebenen Möglichkeiten zu nutzen. Die Krise kann eine positive, konstruktive Kraft in uns wecken, die uns zu uns selbst zurückführt.

Ein Seminarist, der drei Jahre lang studiert und sich in seinem Studium und Praktikum bewährt hat, wird in seinem letzten Semester von depressiven Stimmungen und Selbstmordgedanken heimgesucht. Er zieht sich von seinen Freunden zurück, wird apathisch und kommt, was für ihn untypisch ist, seiner Arbeit nicht mehr nach. Er klagt über Müdigkeit und Mutlosigkeit und sucht Rat bei einem Arzt. Der verschreibt ihm Antidepressiva. Er führt Beratungsgespräche, und nach einigen Sitzungen setzt er die Medikamente ab. Seine Träume nehmen zu. In einem lebhaften Traum wird er von einer gebrechlichen Frau, die ihn überraschenderweise überwältigt, in eine Kiste gezwängt, die viel zu eng für ihn ist. In der abgeschlossenen Kiste krümmt und windet er sich, bis er ein chinesisches Schloss findet, das er zu enträtseln vermag. Es gelingt ihm, die Kiste zu öffnen. Er kommt auf eine breite Straße, die ein Feld mit wilden Blumen und kleinen Tieren durchquert. Sehr schnell versteht er, dass der Traum die abgekapselte Situation symbolisiert, wie er den Pastorenberuf empfindet. Sein Leben lang hat ihm seine verwitwete Mutter den Pastorenberuf als heilige Berufung beschrieben. Sie hoffte, dass er die Arbeit seines Vaters fortsetzt, der starb, als er zwölf Jahre alt war. In der Realität lebte er das Leben eines anderen, oder wie Jung es ausdrückt: den Mythos eines anderen. Der Traum besagt, dass er, falls er den richtigen Schlüssel findet, nicht in der Kiste bleiben muss. Nachdem der junge Mann begriffen hatte, dass er die Freiheit der Wahl hat und sich innerlich befreien kann von dem Vorbild seines Vaters und dem verschlingenden Besitzergreifen seiner Mutter, verschwindet seine Depression, und seine Energie kann sich nach außen, auf ein produktives Leben hin ausrichten (vgl. Fairchild 1991, 36).

Seelische Probleme können so gesehen zu einer Quelle von Inspiration und Kreativität werden. Sie können, eingepackt und verkleidet in die Gestalt einer seelischen Krankheit, sich als ein Segen für uns erweisen, wenn wir versuchen sie zu verstehen und ihre mögliche Botschaft ernst nehmen, indem wir sie anschließend umsetzen. Sie verweisen uns auf ungenutzte Möglichkeiten, die wir jetzt, nachdem wir durch eine Krise darauf aufmerksam gemacht worden sind, für die Gestaltung unseres Lebens nutzen können.

Manchmal gelingt uns das alleine oder mit der Hilfe von Freunden. Ein andermal, wenn aufgrund unserer Erziehung, vielfältiger negativer Einflüsse und Erfahrungen bis hin zu traumatischen Erlebnissen, in unserer Freiheit, unserer Bestimmung gemäß zu leben, beeinträchtigt worden sind, können wir auch von professioneller Hilfe profitieren wie zum Beispiel psychotherapeutischer Unterstützung. So sieht Sigmund Freud das Ziel der Analyse in der Befreiung und Vollendung des eigenen Wesens einer Person. Die wachstumsorientierte Psychotherapie, die mit Namen wie Abraham Maslow, Carl Rogers oder Fritz Perls in Zusammenhang gebracht wird, geht in die gleiche Richtung, wenn sie zum Ziel hat, dem in einer Person vorhandenen Wachstumspotenzial, so gut es möglich ist, zur Entfaltung zu verhelfen. Sie will uns dazu verhelfen, die in uns vorhandenen, zum Teil blockierten Kräfte und Möglichkeiten für unser Leben zu nutzen.

Bei der Therapie kann und sollte es aber auch darum gehen, uns von allem zu befreien, was uns davon abhält, in Freiheit unser Schicksal und unsere Bestimmung zu leben. Bei dem Bemühen, dieses zu erreichen, werden wir notgedrungen auch immer wieder an Grenzen stoßen, da bestimmte Gegebenheiten offensichtlich, manchmal aber auch nur möglicherweise zu unserem Schicksal gehören. Dann geht es darum, auch mithilfe therapeutischer oder spiritueller Begleitung mit dem Schicksal zu kooperieren.

Das kann heißen, menschliche Grundgegebenheiten nicht glattzubügeln, zu entschärfen oder sie einfach zu übergehen. Also, zum Beispiel der Tatsache in die Augen zu schauen, dass wir sterbliche Menschen sind, die vor existenzieller Angst nicht gefeit sind. Es geht darum, sich dieser Wahrheit und Wirklichkeit zu stellen und sich von all den unbrauchbaren Schutzvorkehrungen zu befreien, die uns davon abhalten, uns dieser Wirklichkeit zu stellen. Um die Erfahrung zu machen, dass ich vor dieser Wirklichkeit nicht davonlaufen muss, wir mehr Möglichkeiten haben, als wir zunächst dachten. Jetzt, da wir die Sicherheitsvorkehrungen eingestellt haben, die wir glaubten zu benötigen, die sich in Wirklichkeit aber als eine Behinderung unserer vorhandenen Kräfte erwiesen, können die Kräfte in uns fließen, die es uns ermöglichen und uns ermächtigen, das in uns liegende Potenzial zur Entfaltung zu bringen. Zu diesem Potenzial zählen ungenutzte Talente und Begabungen, die es gilt, für unser Leben nutzbar zu machen. Es gehören aber auch mitunter bisher nicht vermutete Ressourcen und Fähigkeiten dazu, wie Resilienz und Krisenkompetenz, die uns helfen können, Schicksalsschläge, Krisen, Abschiede von dem, was nicht mehr ist, zu verarbeiten. So müssen wir uns manchmal auch von Vorstellungen verabschieden, den Himmel schon auf Erden erleben zu können, sofern wir damit ein Leben ohne Probleme und Einschränkungen meinen, wie es bei einer naiven Vorstellung von unbegrenztem seelischem Wachstum und unbegrenzter Möglichkeiten der Fall ist.

Die Möglichkeiten, die oft größer sind, als wir ahnen, beziehen sich also auch auf die ungeahnten Möglichkeiten, die wir besitzen, mit unseren Problemen, unseren Unzulänglichkeiten, Grenzerfahrungen in unserem Leben zurechtzukommen. Sie stehen uns zur Verfügung, wenn es darum geht, Angst, die uns lähmt, zu überwinden, anscheinend unerträgliche Depressionen manchmal anzunehmen und auszuhalten. Diese dann für unser Leben fruchtbar zu machen oder auch zu lindern und zu überwinden, seelisches und körperliches Leid zu ertragen und mit Sinn zu füllen.

Von den ungeahnten Möglichkeiten Gottes mit dir

»Du hast mehr Möglichkeiten, als du ahnst, ganz zu schweigen von den ungeahnten Möglichkeiten Gottes mit dir.« Bisher war die Rede von den ungeahnten Möglichkeiten, die ich habe. Wie aber steht es um die ungeahnten Möglichkeiten Gottes mit mir? Wenn ich davon ausgehe, dass es neben den Möglichkeiten, die ich habe, noch viele ungeahnte Möglichkeiten Gottes mit mir gibt, kommt Weite in mein Leben, öffne ich mich dem Leben und Gott gegenüber. Ich vertraue darauf, dass das Leben mehr für mich vorgesehen hat, als ich erahnen kann. Mir wird bewusst, wie begrenzt meine Lebensplanung ist. Ich kann und darf nicht darauf verzichten, zu planen. Das bleibt mir nicht erspart. Aber ich darf – und manchmal muss ich – damit rechnen, dass das nur vorläufig ist, jederzeit ergänzt, korrigiert und rückgängig gemacht werden kann.

Für jemanden, dem es wichtig ist, alles zu planen und festzulegen, kann es zu einer großen Herausforderung werden, sollte ihm jemand dazwischenfunken. Wir schätzen es in der Regel nicht, wenn jemand unser Lebenskonzept durcheinanderbringt. Wir werden versuchen, uns dagegen zu wehren, indem wir noch mehr planen, festlegen, uns gegen Einflüsse von außen absichern. Doch unsere Strategien gehen oft nicht auf. Unser Schicksal und die ihm zugrunde liegende Kraft holen uns ein, manchmal gebieterisch und allen Widerständen zum Trotz. Wir investieren viel Energie in die Abwehr und die Verteidigung der Welt, die wir uns zurechtgelegt haben.

Ich habe dabei die Erfahrung gemacht, dass beides wichtig ist: zu planen, die Dinge zu regeln, dabei an die ungeahnten Möglichkeiten, die ich habe zu glauben und mich den ungeahnten Möglichkeiten Gottes gegenüber zu öffnen, mich ganz bewusst davon beschenken und bereichern zu lassen. Von dieser Einstellung gehen eine große Freiheit und Gelassenheit aus. Ich überlasse mich Gott, dem Schicksal, der Kraft der Bestimmung. Mein Leben ist von diesem Augenblick an Gott ausgesetzt und überlassen, dem es ohnehin unterstellt ist. Jetzt aber tue ich das ganz bewusst und gewollt. Energien werden dadurch in mir freigelegt, die ich für die ungeahnten Möglichkeiten Gottes in mir verwenden und verschwenden kann. Ich rechne mit diesen ungeahnten Möglichkeiten Gottes mit mir, bin wach und sensibel dafür, wo sie sich in meinem Leben, in meinem Alltag anbieten und von mir genutzt werden wollen. Ich fixiere mich nicht darauf, ergreife sie aber, wenn sie sich mir anbieten.

Handeln und an die ungeahnten Möglichkeiten Gottes glauben

Dazu bedarf es einer Kombination von Kreativität, die uns aus unserer Freiheit erwächst, und einer vertrauensvollen, gelassenen Haltung, die aus dem Glauben an das Wirken einer höheren Macht hervorgeht. Das eine lässt sich nicht gegen das andere ausspielen. Sie bereichern sich gegenseitig. Die mir zugesagten ungeahnten Möglichkeiten Gottes sind ein Ansporn, meine ungeahnten Möglichkeiten zu sehen und umzusetzen. Sie können Ausdruck der mir zugedachten Möglichkeiten sein. Zu wissen und zu akzeptieren, dass es nicht allein von mir abhängt, bewahrt mich davor, mich festzulegen oder zu schnell aufzugeben. Es lässt mich offen bleiben für Neues, Ungeahntes.

So müssen wir uns immer wieder aufmachen und manchmal auch einfach wagen, das anzugehen, was wir wollen, unseren Beitrag leisten, um das zu erreichen, ihm wenigstens näher zu kommen, was wir uns für unser Leben erhoffen und ersehnen. Und das nicht erst morgen oder erst dann, wenn dies und jenes vorher geschehen ist, sondern jetzt, heute, hier. Wir können zum Beispiel ein Leben lang auf den *charming prince* warten, der uns von unserem Alleinsein erlöst, oder aber uns selbst aufmachen, zumindest das uns Mögliche tun, um Menschen kennenzulernen, den Partner und die Partnerin fürs Leben zu finden, mit dem wir zusammenleben, unser Leben teilen möchten. Dafür müssen wir etwas tun. Wir können nicht nur zurückgezogen in unseren vier Wänden darauf warten, dass er oder sie bei mir anklopft. Wir müssen vielleicht unsere Schüchternheit überwinden, wenn wir uns schwertun, jemanden anzusprechen, mögliche Absagen zu riskieren. Das kann Anlass dafür sein, an unserem Selbstwertgefühl zu arbeiten usw.

Zugleich ist es aber auch wichtig, uns beschenken zu lassen, Dinge sich ereignen zu lassen, dem Schicksal seinen Raum zu lassen. Das aber erfordert, nicht darauf fixiert zu sein und ständig davon besetzt zu sein, den richtigen Mann, die richtige Frau zu finden. Das kann uns so sehr besetzen, dass wir dabei den Blick für den Menschen verlieren, der vielleicht in unserer unmittelbaren Umgebung auf uns wartet und uns Signale vermittelt, die Interesse an uns bekunden, die wir aber übersehen, weil wir so »besessen« sind von unserer Suche.

Ich kann mich heute nach über dreißig Jahren noch gut daran erinnern, wie ich während meines Studienaufenthaltes in Berkeley / Kalifornien das erste Mal in einem Buch über Transaktionsanalyse vom *charming prince* hörte. Ich weiß noch die Stelle auf dem Universitätsgelände, bei der ich mich auf einer Bank niedergelassen hatte und mir in diesem Augenblick jäh bewusst wurde, dass ich bis zum Nimmerleinstag auf meine Wunschprinzessin warten werde, wenn ich nicht etwas unternehme, um der Erfüllung meiner Sehnsucht nach einer Frau, die mich liebt und die ich liebe, näher zu kommen. Von diesem Moment an wagte ich erste vorsichtige Schritte, Frauen, die meinen Vorstellungen von einer Partnerschaft entsprachen, Zeichen meines Interesses an ihnen zu vermitteln. Zugleich merkte ich, dass ich viel wacher als vorher dafür war, wenn Frauen mir gegenüber Interesse bekundeten.

Erika, 45 Jahre alt, verwandte ihre ganze Energie und Kreativität darauf, endlich den Mann fürs Leben zu finden. Sie nahm an Kursen teil, bei denen man lernen konnte, selbstbewusster aufzutreten, ging zur Kosmetikerin, legte großen Wert auf ihre Kleidung und ihr äußeres Erscheinungsbild, schaltete ein Partnervermittlungsinstitut ein. Doch alles half nichts. Als sie es schon aufgeben wollte, auch weil sie mit der Zeit merkte, dass es für sie gar nicht mehr so dringlich war, sie inzwischen insgesamt ihr Leben auch ohne einen Partner interessant und befriedigend erlebte, traf sie den Mann, den sie inzwischen auch geheiratet hat, eher zufällig bei einer Veranstaltung ihrer Berufsgruppe. Das erinnert mich an C.G. Jungs Definition von Zufall, für den das Zufall ist, »was sich auf jemanden zu bewegt, wie wenn es von ihm angezogen wäre«.

Wenn ich an die ungeahnten Möglichkeiten Gottes glaube, verzichte ich nicht darauf, von meiner Freiheit für die Gestaltung meines Lebens Gebrauch zu machen, die Möglichkeiten, die mir bei allem Vorgegebenen bleiben, zu nutzen. Ich tue das mir Mögliche, mich auf die eigenen Füße zu stellen, mein Leben in die Hand zu nehmen, die in mir steckenden und mir von Gott geschenkten Möglichkeiten ganz zu nutzen. Ich vertraue aber auch, ohne passiv zu bleiben, auf Gottes Hilfe und nutze die mir von Gott gegebenen und geschenkten Ressourcen für die Bewältigung meiner Probleme und die Gestaltung meines Lebens.

Ich tue das Meine, nehme meine Möglichkeiten von Freiheit wahr, übernehme die Verantwortung dafür. Ich weiß aber zugleich auch um die geheimnisvolle, im Verborgenen wirkende Kraft, die auf mein Leben mal mehr, mal weniger spürbar einwirkt. Ich trete ihr meine Verantwortung nicht ab, funke ihr aber auch nicht dazwischen. Sie nimmt mir nichts von meiner Freiheit, sie nimmt mir aber auch nichts ab von meiner Verantwortung, selbst entscheiden zu müssen. Über die Möglichkeiten hinaus, die ich habe und von denen ich oft mehr habe, als ich ahne, vertraue ich aber darauf, dass es darüber hinaus noch ungeahnte Möglichkeiten gibt, die die geheimnisvolle, im Verborgenen wirkende Kraft, die ich Gott nenne, für mich vorgesehen hat.

Jenseits von Gott?

Andere gebrauchen andere Begriffe statt Gott: Universum, eine größere Macht, Quelle, die »nicht von dieser Welt ist« (Stutz / Michels 2012, 164) usw. Als ich vor einiger Zeit Willigis Jäger, den ich sehr schätze und der mit mir den gleichen Taufnahmen Wunibald teilt, fragte, ob er sich an einem Buchprojekt anlässlich des 100. Geburtstages von Thomas Merton beteiligen wolle, meinte er, dass Thomas Merton noch zu oft den Namen Gott gebrauche. Er schickte mir sein Büchlein »Jenseits von Gott« (2012). Darin schreibt die Herausgeberin Beatrice Grimm, dass Willigis Jäger das Wort »Gott« vermeidet und für ihn die spirituelle Erfahrung im Vordergrund steht. Ihm geht es darum, so Pater Willigis in seinem Brief an mich, Menschen »eine Sinndeutung der paar Jahrzehnte zu geben, die sie auf diesem Staubkorn Erde leben«. Etwa 80 Prozent der Teilnehmer an seinen Kursen, so schrieb er mir weiter, seien aus der Kirche ausgetreten. Für sie ist er da und will er da sein.

Ich erachte das für eine wichtige Aufgabe. Auf der anderen Seite gibt es auch Personen, die, nachdem sie Erfahrungen bei und mit Willigis Jäger gesammelt haben, wieder Interesse am Wort, an der Bibel, an Ritualen entdecken – vielleicht dank der Erfahrungen, die sie bei Kursen mit Willigis Jäger oder in anderen vergleichbaren Einrichtungen gemacht haben. Ist das Regression oder Fortschritt oder einfach ihre Weise, ihre Spiritualität zu pflegen oder spirituelle Erfahrungen zu machen. Wer kann das entscheiden?

Ich selbst spreche bewusst von Gott und meine damit auch einen persönlichen Gott. Ich fühle mich hier wieder von der Jüdin Etty Hillesum (2010, 188 f.) angesprochen, die in ihren Tagebuchaufzeichnungen auf eine ganz schlichte Weise mit einer Selbstverständlichkeit über ihre Beziehung zu Gott schreibt:

»Ich trippelte neben Ru her und nach einem sehr langen Gespräch, in dem wieder einmal alle ›letzten Fragen‹ erörtert wurden, blieb ich plötzlich an seiner Seite stehen, mitten in der engen und fantasielosen Govert Flinckstraat, und sagte: ›Ja, weißt du, Ru, und dann habe ich noch eine so kindliche Eigenschaft, um deretwillen ich das Leben immer wieder schön finde und die mir vermutlich hilft, alles so gut zu ertragen.‹ Ru sah mich voller Erwartung an, und ich sagte, es sei die einfachste Sache der Welt, – was sie ja eigentlich auch ist: ›Ja, siehst du, ich glaube an Gott.‹ Das fand er, glaube ich, ziemlich verwirrend, und er schaute mich an, als könne er etwas Geheimnisvolles aus meinem Gesicht lesen, aber nachträglich fand er, dass sei eigentlich sehr gut für mich. Vielleicht fühlte ich mich deshalb für den Rest des Tages so strahlend und kräftig? Weil es so unvermittelt und einfach mitten in dem grauen Arbeiterviertel aus mir herausbrach: ›Ja, siehst du, ich glaube an Gott.‹«

Gott ist für mich auch ein Begleiter, der mich motiviert, mein Leben zu gestalten, nie aufzuhören, daran zu glauben, dass ich mehr Möglichkeiten habe, als ich ahne. Er gibt mir die Kraft und schenkt mir die Energie, die ich dazu benötige. Er ist aber zugleich auch die verborgene Kraft, die hinter meinem Schicksal steht, die Kraft, die mich in Welten und Erfahrungen führen will, von denen ich keine Ahnung habe.

»Durch den Willen projizieren wir uns in die Zukunft hinein, und der Wunsch ist der Beginn dieses Prozesses.«

ROLLO MAY

WILLE UND WOLLEN

Der Wille als wählende Instanz und handelnde Macht

Wer sich dem Schicksal überlässt, der überlässt sich einer Dynamik, bei der er sich dem Wechselspiel aus Schicksal und Bestimmung einerseits und Freiheit und Verantwortung andererseits überlässt. Das Schicksal entlässt ihn nicht in die Passivität, vielmehr fordert es seine Freiheit, Verantwortung und damit einhergehend seine Kreativität heraus, damit wird, was werden soll. Dabei dürfen wir darauf vertrauen, dass wir mehr Möglichkeiten haben, als wir ahnen, ganz zu schweigen von den ungeahnten Möglichkeiten Gottes mit uns. Um aber unsere Freiheit und Verantwortung wahrnehmen zu können, bedarf dies in uns einer Instanz, die das umsetzt, die aus unseren Einsichten, Erkenntnissen, Überlegungen und Wünschen Taten macht.

Ich frage manchmal am Beginn einer therapeutischen Sitzung, was die Ratsuchenden aus ihren Erkenntnissen der letzten Sitzung gemacht haben. Oder ich ermutige meine Gesprächspartner bei der Traumarbeit ebenfalls darauf zu achten, wie sie das, was ihnen ihr Traum als Botschaft vermitteln möchte, in ihrem Leben umsetzen können. Ich empfinde eine große Wertschätzung gegenüber der Psychoanalyse und arbeite selbst tiefenpsychologisch orientiert. Ich kann aber manchmal nicht meine Frustration darüber verhehlen, wenn dem Unbewussten eine so große und, wie ich meine, auch manchmal zu große Bedeutung zugesprochen wird, als würde, wie es offensichtlich Sigmund Freud sieht, der Mensch »vom Unbewussten gelebt« (Yalom 2005, 342). Dann aber wäre das Unbewusste die Instanz, die unser Leben bestimmt. Da grüßt die deterministische Sichtweise Freuds, nach der der Freiheit, dem freien Willen des Menschen, wenig oder kein Platz eingeräumt werden, der Mensch, so Rollo May (in: Yalom 2005, 343), nicht mehr derjenige ist, »der antreibt, sondern der getrieben wird«. Anders verhält es sich, wenn ich in schwierigen Situationen meines Lebens mich, wie es C.G. Jung tat, an die *anima*, die Seele, wende und darauf vertraue, dass sie mir weiterhilft, ich zu einer Erkenntnis gelange, die mich etwas weiter, tiefer, grundsätzlicher sehen lässt und mir damit hilft, aus meiner schwierigen Situation herauszukommen.

Wer aber, wenn nicht das Unbewusste, ist die wählende Instanz, die die Verantwortung für uns und unser Leben übernimmt? Wer ist die handelnde Kraft und Macht, die dafür sorgt, dass aus unseren Einsichten und Erkenntnissen Handlungen folgen? Wo hat dieses Zentrum seinen Sitz, das seine Aufgabe darin sieht, unser Leben gemäß unseren Vorstellungen und Wünschen auch mit Blick auf unser Schicksal und nicht losgelöst von ihm, zu gestalten? Ein Name für dieses Zentrum ist der Wille, der sich im Wollen umsetzt. Andere Begriffe für diese »geistige Instanz, die Bewusstheit und Wissen in Handlung verwandelt« (Yalom 2005, 345), sind, so Irvin D. Yalom (2005, 346f.), innerer verantwortlicher Beweger, Triebfeder der Handlung, Sitz der Willenskraft. Es ist der Teil in uns, der über die Fähigkeit verfügt, Entscheidungen zu treffen und zu verwirklichen. Von ihm gehen auch Entschlossenheit und Mut aus, die Dinge anzugehen.

Den Willen befreien

Unser Willenszentrum kann durch Einflüsse von innen und außen in seiner Wirkkraft beeinträchtigt werden. Denken wir zum Beispiel an ein von den Eltern, der Gesellschaft oder ungesunden religiösen Einstellungen vermitteltes grausames Über-Ich, das Menschen ihr Leben zur Hölle machen kann, indem es wesentliche menschliche Wünsche oder Bedürfnisse und deren Befriedigung als negativ, schlecht oder – theologisch ausgedrückt – sündhaft bewertet. Anderen ist durch eine entsprechende autoritäre Erziehung der eigene Wille gebrochen worden. Sie erleben sich fremdbestimmt, getrauen sich nicht ihre Überzeugungen zu äußern und beschränken ihr Leben darauf, die Erwartungen der anderen zu erfüllen.

Für Personen, die nicht in der Lage sind, die Richtung in ihrem Leben zu bestimmen, die keine eigenen Entscheidungen treffen können, ist es wichtig, zunächst einmal mit ihrem Zentrum, ihrer Schaltzentrale in Kontakt zu kommen. Das ist die Voraussetzung dafür, *ihr* Leben leben zu wollen. Das setzt aber voraus, dass sie wissen, was sie wollen, um das dann entsprechend umzusetzen und zu verwirklichen. Dazu bedarf es manchmal psychotherapeutischer Hilfe mit dem Ziel, die Selbstbestimmung zu stärken, um in der Lage zu sein, sich von Einflüssen und Prägungen zu lösen, die unsere Freiheit und Autonomie einschränken oder gar verunmöglichen. Das heißt, der Therapeut kann für die andere Person den Willen weder erschaffen noch die andere Person mit Willen beseelen oder ihr einen Willen einflößen, meint Irvin Yalom (2005, 348). Was er aber tun kann, ist, dabei zu helfen, die »Lasten auf dem gebundenen, erstickten Willen zu beseitigen«.

Wie kann das aussehen, den Willen zu befreien, das Zentrum in uns freizulegen und funktionsfähig zu machen, das seine Aufgabe darin sieht, unser Leben zu gestalten? Wie kann das geschehen, wenn dabei unsere Vorstellungen und Wünsche berücksichtigt werden und zugleich unser Schicksal und unsere Bestimmung mit bedacht werden?

Ich begegne zum Beispiel immer wieder Menschen, die einst ganz tief in sich eine bestimmte Berufung verspürten und diese Berufung durch eine Lebensentscheidung, sei es die Entscheidung für eine lebenslange Partnerschaft oder die Entscheidung für einen Beruf etwa als Priester oder den Eintritt in eine religiöse Gemeinschaft konkretisierten. An einer Stelle in ihrem Leben machen sie dann aber die Erfahrung, dass es auch noch andere Seiten und Stimmen in ihnen gibt, Wünsche und Sehnsüchte, die tief in ihnen schlummerten, aber zum Zeitpunkt ihrer Lebensentscheidungen für sie noch nicht spürbar waren. Die Gründe dafür können dabei ganz unterschiedlich sein. Jetzt jedenfalls spüren sie diese Wünsche so stark, dass sie den Eindruck haben, ihnen folgen zu müssen um sich selbst treu zu bleiben.

Solche Wünsche ernst zu nehmen, kann zu einer großen Herausforderung werden, kann das doch heißen, den bisherigen Lebensentwurf zu verwerfen und einen neuen zu entwerfen und dann auch umzusetzen. Bevor Menschen mit solchen Wünschen und Sehnsüchten in Berührung kommen, die bisher ihrem Bewusstsein verborgen geblieben waren, haben sie oft bereits schwierige Phasen durchlitten, die von Depressionen, Verzweiflung und Hoffnungslosigkeit geprägt waren. Bei der spirituellen oder therapeutischen Begleitung in dieser Lebensphase mag mit der Zeit deutlich werden, dass die tiefere Ursache für ihre seelische Not auch darauf zurückzuführen ist, dass bei ihrer Lebensentscheidung wesentliche Wünsche übergangen worden sind, diese sich jetzt nicht länger zurückdrängen lassen und danach verlangen, beachtet zu werden. Das muss nicht immer dazu führen – und oft ist das dann auch der Fall –, dass jemand die bisherige Lebensentscheidung revidieren muss. Manchmal verlangt das, bisher nicht Zugelassenes in das gewählte Lebenskonzept einzubauen, etwa, wenn ich zölibatär lebe, dass das nicht heißen muss, auf innige Freundschaften verzichten zu müssen.

Den Mut aufbringen, Neues zu wagen

Geht es uns wirklich darum, dass wir unser Leben gestalten, wir die Richtung unseres Lebens bestimmen, dann müssen wir uns manchmal zuerst von den Lasten befreien, die schwer auf unserem Willen liegen und den Zugang zu ihm blockieren. Ist das geschehen, verharren wir nicht länger in unserer Bewegungslosigkeit, kommen wir in Bewegung. Wir überwinden zunehmend die Angst, die uns bisher bremste und davon abhielt, Neues zuzulassen, auf neue Projekte und Ziele zuzugehen. Wir nutzen unsere neu entdeckte Willensfreiheit dazu, auf unsere Lebensumstände so zu reagieren, über bestimmte Situationen so zu denken, Dinge so zu deuten, wie es uns entspricht. Wir sehen plötzlich Möglichkeiten, die wir vorher nicht gesehen haben, trauen uns zu, neue Wege zu beschreiten, die zu beschreiten wir uns bisher gescheut haben.

Auch jetzt wissen wir vielleicht nicht, wohin uns das führen wird. Aber unser Wille, unsere Bereitschaft, sich auf Neues einzulassen, ist jetzt größer als unsere Angst davor, weil *wir* das wollen. Wir spüren unsere Willenskraft und sind jetzt – endlich! – in der Lage, *unseren* Willen umzusetzen. Wir sind nicht länger bereit, unsere Freiheit vor lauter Angst, ihr nicht gewachsen zu sein, an jemand anderen abzugeben. Jetzt sind wir auch in der Lage, grundsätzliche Veränderungen im bisherigen Lebensentwurf vorzunehmen. Das setzt einen starken Willen voraus und verlangt manchmal auch viel Mut.

Eine Ordensfrau, ca. 40 Jahre alt, ist vor Kurzem aus ihrem Orden ausgetreten. Es ist eine Freude, diese junge Frau zu sehen: lebensfroh, zufrieden, glücklich. Es hat lange gedauert, bis ihr klar war, dass es für sie stimmt, den Orden zu verlassen. Die äußeren Merkmale, aber auch das, was sie innerlich empfindet, sprachen dafür, dass die Entscheidung richtig war. Viele Jahre hatte sie sich im Kloster unwohl gefühlt, hatte sie es als sehr schwierig erlebt, z. B. als eine der wenigen jungen Ordensfrauen mit den älteren Ordensfrauen leben zu müssen. Sie fühlte sich einsam und die meiste Zeit über depressiv. Sie hat sich sehr schwergetan, mit der Entscheidung, den Orden zu verlassen. Es hat viele Jahre gedauert, bis sie so weit war, auch weil es damals, als sie eingetreten ist, für sie klar war, dass es eine echte Berufung ist. Sie kann sich jetzt noch nicht erklären, dass das, was damals für sie stimmte, heute nicht mehr für sie stimmt. Doch sie sah für sich keine andere Wahl, wollte sie letztlich sich selbst und ihrem Leben gegenüber treu bleiben.

Diese Ordensfrau ist nur ein Beispiel für Personen, die es wagen, neue Schritte zu gehen, und dabei die Mühen auf sich nehmen und das Unverständnis, auf das sie treffen, die wirtschaftliche Unsicherheit, die damit einhergeht, in Kauf nehmen. Sie lassen auch ihre Zweifel zu, fragen sich, wie sie ihre Entscheidung vor Gott, vor ihren Mitmenschen, ihrem Partner, wenn sie sich von ihm trennen, verantworten können. Sie gehen oft den schwierigeren Weg. Doch sie können keinen anderen Weg gehen, weil sie sonst sich selbst gegenüber untreu werden würden, auch wenn sie einmal etwas anderes versprochen haben. Sie können diesen Weg nur gehen, weil sie davon überzeugt sind, dass es der richtige Weg ist und sie das so wollen.

Andere wieder bringen nicht den Mut auf, Neues zu wagen. Sie verharren in ihrer Ambivalenz. Ihr Zentrum, das für die Entscheidungen in ihrem Leben, die Umsetzung von Einsichten und Erkenntnissen, verantwortlich ist, ist nicht stark genug, Nägel mit Köpfen zu machen, sich auf Neues einzulassen.

Ein Ordensmann, der in einer kleinen Gemeinschaft lebt, in der er der Einzige ist, der unter 50 ist, leidet unter der Willkür der Oberen und der ständigen Kritik der älteren Mitbrüder, denen er nichts recht machen kann. Von Beruf her ist er Krankenpfleger, doch eine Hüftoperation schränkt seine Möglichkeiten, im Krankenhaus zu arbeiten, erheblich ein. Mit den Jahren hat er erkannt, dass ihn auch sehr fragwürdige Motive dazu veranlasst haben, ins Kloster zu gehen. Er konnte sich früher nicht vorstellen, allein zurechtzukommen, für seinen Lebensunterhalt aufzukommen. Auch erfüllte er mit seinem Eintritt ins Kloster den lange gehegten Wunsch seiner Eltern, die es als etwas Besonderes erachteten, dass eines ihrer Kinder diesen Weg wählte. Im Tiefsten wurde ihm mit der Zeit klar, dass er, wenn er nicht irgendetwas Entscheidendes in seinem Leben verändert, unglücklich bleiben wird. Doch er sieht sich nicht in der Lage, die dafür notwendigen Schritte zu tun, und verharrt in seiner Unentschlossenheit.

Wer will es ihm verübeln, gar auf ihn herabschauen? Jeder und jede ist seines und ihres Glückes Schmied. Er muss damit leben und es ist ihm zu wünschen, dass er das Beste daraus für sich macht. Er befindet sich in guter Gesellschaft, gibt es doch unzählige Beispiele dafür, dass Menschen aus gesellschaftlichen, religiösen, familiären Gründen sich nicht für das entscheiden, was sie im Tiefsten als richtig erachten. Es steht niemandem zu, solche Entscheidungen zu beanstanden, auch weil man die tieferen Gründe, die jene dazu bewogen haben, oft nicht kennt. Entscheidend ist freilich, dass die, die sich so entschieden haben, die Verantwortung für ihre Entscheidung und die Folgen, die sich daraus für sie und andere ergeben, selbst übernehmen und nicht versuchen, andere dafür verantwortlich zu machen.

Manchmal bedarf es erst der Auseinandersetzung mit sich selbst, um die Voraussetzungen dafür zu schaffen, die Verantwortung für mein Leben übernehmen zu können. Dann geht es nicht nur darum, den Willen zu befreien, sondern das Ichbewusstsein zu stärken. Das zeigt sich unter anderem auch darin, dass wir »Ja« zu uns sagen können. Jene, die dazu nicht in der Lage sind, müssen sich auf den mitunter sehr schwierigen Prozess der Selbstannahme einlassen, der dazu führt, ein positives Verhältnis zu sich selbst und ein gesundes Selbstwertgefühl zu entwickeln.

Die Aussage, wir schaffen uns selbst, kommt jetzt auf den Prüfstand. Denn der Weg zum Nahen, also die Auseinandersetzung mit uns selbst, ist oft der schwierigere Weg. Viel lieber beschäftigen wir uns mit anderen oder erwarten wir von anderen, dass sie es für uns richten, statt uns mit uns selbst auseinanderzusetzen, an uns selbst zu arbeiten, uns unserer Wirklichkeit zu stellen und ihr ins Gesicht zu sehen. Wenn wir uns selbst nicht lieben und annehmen können, sind unsere Möglichkeiten, das, was wir wollen, umzusetzen, unsere Freiheit und Fähigkeit, Verantwortung für unser Leben übernehmen zu können, eingeschränkt. Hier gilt es also, den Blick mutig auf die eigene Wirklichkeit zu lenken.

Wenn ich aber zunächst bei mir bleibe und das Problem, mich nicht wirklich entscheiden und meinen Willen umsetzen und durchsetzen zu können, bei mir sehe, mache ich mir nicht länger etwas vor über mich und meine Situation. Ich überspiele, übertünche meine Wirklichkeit nicht länger durch Rationalisierungen. Ich stelle mich ihr, schaue hin, wo das mit mir zu tun hat, und beginne notwendige Korrekturen vorzunehmen.

Ich denke an Bert, den seine Partnerin Franziska verlassen hat. Bert ist Banker und hat in den letzten zehn Jahren die Esoterik für sich entdeckt. Als Franziska vor drei Jahren seine Zuneigung endlich erwiderte, ließ er sich von seiner Frau, mit der er über 20 Jahre zusammengelebt hatte, scheiden. Franziska zog bei ihm ein und sie unternahmen viele Reisen miteinander. Jetzt war ihre Beziehung an ihr Ende gekommen. In der letzten Zeit hatten sie nur noch miteinander gestritten. Franziska fühlte sich, wie sie sagte, von ihm festgehalten. Er hatte sie mit Geschenken überhäuft und auch alle Kosten für die vielen und teuren Reisen übernommen. Berts Welt brach zusammen. Sie hatte vornehmlich aus seiner Beziehung zu Franziska bestanden. Es war eine geliehene, zum Teil auch erkaufte Welt. Bert kann versuchen, in eine neue Beziehung zu flüchten. Oder aber er nimmt die Trennung zum Anlass, sich endlich mit sich selbst auseinanderzusetzen, in seine Abgründe zu schauen. Bert entscheidet sich für eine Therapie. Diese hilft ihm, die für ihn schwere Zeit nach der Trennung auszuhalten, sosehr er manchmal auch an den Rand der Verzweiflung gerät und es Augenblicke gibt, in denen er am liebsten nicht mehr leben will. Im weiteren Verlauf seiner Therapie verändert sich seine Einstellung sich selbst gegenüber.

Das Bild, das er bisher von sich hatte, war vergleichbar mit einem wenig attraktiven, nur halb fertigen Gebäude, unverputzt und eher spärlich eingerichtet. Kein Ort, an den es einen hinzieht, wo man sich gerne niederlässt. Dieses Bild von sich verwandelt sich mehr und mehr, bis schließlich nach vielen Therapiesitzungen an seine Stelle ein durchaus attraktives, wohnliches, einladendes Haus tritt. Bert ist am Ende der Therapie offen und bereit zu einer neuen Beziehung. Es drängt ihn aber nicht danach. Er führt inzwischen ein abwechslungsreiches Leben, geht auf Reisen, besucht Ausstellungen und Seminare über Kunst und Literatur, belebt alte über lange Zeit brachgelegene Beziehungen. Bert braucht keine Franziska mehr, um glücklich zu sein. Die Welt, die er sich geschaffen hat, ist jetzt seine Welt. Jetzt ist er reif für eine Beziehung, in der er und seine Partnerin sich gegenseitig bereichern können.

Der Wunsch geht dem Willen voraus

Um die Willenskraft in uns, unseren inneren Beweger, für die Gestaltung unseres Lebens nutzen zu können, müssen wir aber zunächst wissen, was wir wollen, was wir uns wünschen, denn, so Rollo May (1969, 197), der Wunsch geht dem Willen voran. Wir müssen dafür tief in uns selbst hineinschauen können und uns mit der Sehnsucht beschäftigen, wie wir uns unser Leben, unsere Zukunft vorstellen, sie vielleicht auch verändern wollen (vgl. May 1969, 211).

Dabei ist es wichtig, zu beachten, dass sich unser Wunsch von einem Bedürfnis unterscheidet, insofern unser Wunsch im Unterschied zu einem Bedürfnis mit einer Bedeutung verbunden ist. Während ein Bedürfnis anonym und ungebunden ist, steht hinter einem Wunsch eine konkrete Person, die diesen Wunsch in sich verspürt und sich diesen Wunsch erfüllen will. Man kann bei dieser Unterscheidung deutlich die psychoanalytische Denkweise erkennen, die unsere Bedürfnisse dem Es zuschreibt, das den Triebpol unserer Persönlichkeit bildet. In unseren Trieben, die »unbewusst, einerseits erblich und angeboren, anderenteils verdrängt und erworben« (Laplanche / Pontalis 1972, 147) sind, findet das Es seinen psychischen Ausdruck. Eine Person, die sich nicht nur von ihren Bedürfnissen bestimmen lässt, sondern sich etwas wünscht, »wünscht nicht blindlings«, so schreibt Irvin D. Yalom (2005, 357). Er illustriert das an folgendem Beispiel:

»Ein Mann wünscht sich nicht nur Sex mit einer Frau: Er findet die eine Frau anziehend, eine andere abstoßend. Wünschen ist selektiv und hochgradig individuell. Wenn ein Mann unterschiedslos sexuelle Beziehungen mit allen Frauen begehrt, dann stimmt etwas nicht. Der Mann handelt dann vielleicht aus einer Drucksituation heraus, etwa weil die Frau, nach der es ihn verlangt, nicht da ist, er für eine lange Zeit entfernt von ihr lebt. Ein anderer handelt aus einem Zwang oder einer Sucht heraus. Dann aber gibt er seine Freiheit auf und ist nicht mehr der Antreiber, sondern der Getriebene.«

Weiß ich, was ich mir wünsche, kann mein Wille einsetzen, um das, was notwendig ist, zu erreichen, was ich mir wünsche, in Gang zu setzen und schließlich in eine Handlung umzusetzen. In seinem Buch *Love and Will*, das mich schon vor über dreißig Jahren faszinierte, beschreibt Rollo May (1969, 218) das Verhältnis von Wunsch und Wille auf folgende Weise:

»Dem ›Wunsch‹ verdankt der ›Wille‹ die Wärme, den Inhalt, die Einbildungskraft, das Spielerische, die Frische und den Reichtum. Der ›Wunsch‹ verdankt dem ›Willen‹ die Selbststeuerung und die Reife. Der ›Wille‹ schützt den ›Wunsch‹ und ermöglicht es ihm weiterzuexistieren, ohne zu große Risiken einzugehen. Aber ohne ›Wunsch‹ verliert der ›Wille‹ seine Vitalität und Lebensfähigkeit und ist in Gefahr, sich in Widersprüche zu verstricken. Wenn man nur ›Wille‹ und keinen ›Wunsch‹ hat, dann hat man es mit dem vertrockneten, viktorianischen, neopuritanischen Menschen zu tun. Wenn nur ein ›Wunsch‹ und kein ›Wille‹ vorhanden ist, dann hat man den zwanghaften, unfreien, kindlichen Menschen vor sich, der als infantil gebliebener Erwachsener zum Roboter werden kann.«

Fühlen ist die Vorbedingung für Wünschen, aber nicht damit identisch

Um mit den Wünschen, die dem Willen vorausgehen, in Berührung zu kommen, bedarf es manchmal zuvor des Aufbrechens der blockierten Gefühlswelt. Das spielt in den unterschiedlichsten therapeutischen Schulen eine große Rolle. Doch sosehr das wichtig sein kann, es darf nicht dabei bleiben. Nur mit den Gefühlen in Berührung zu kommen, sie benennen zu können, sie zu spüren, sie auszuagieren, ist nicht genug. »Fühlen ist eine Vorbedingung für das Wünschen, aber nicht identisch«, meint denn auch Irvin D. Yalom (2005, 365). So ist das Aufbrechen der Gefühlswelt erst der Beginn des therapeutischen Prozesses.

Wenn die Gefühlswelt bei dem Menschen, der an einer bestimmten Stelle in seinem Leben nicht mehr weiterkommt, aufgebrochen worden ist, geht es jetzt darum, ihm zu helfen, herauszufinden, was er will, was seine Wünsche sind. Die Frage »Was fühlst du?«, wird jetzt ergänzt um die Frage »Was willst du?«. Diese Frage »Was willst du?«, überrascht viele, meint Irvin D. Yalom (2005, 369), weil ihnen diese Frage im therapeutischen Kontext selten gestellt wird. Er veranschaulicht das anhand eines Fallbeispiels von Irving und Miriam Polster, die neben Fritz und Laura Perls zu den Pionieren der Gestalttherapie zählen:

»Ein Universitätsprofessor fühlte sich von seinen verschiedenen beruflichen Verpflichtungen wie Lesen, Schreiben und Lehren überfordert – bis sein Zeitplan aus allen Nähten platzte. Nachdem er sich lang und breit über die Forderungen, die sein Beruf an ihn stellte, ausgelassen hatte, fragte ich ihn: »Was wollen Sie denn?« Eine Pause entstand, dann legte er die eine Hand locker in die andere und sagte: »Ich möchte ein bisschen Lässigkeit in meinem Leben!« Diese beiden Erkenntnisse sind sehr einfach, aber für viele Menschen sind sie nicht leicht zugänglich. Wenn diese Wünsche nicht zumindest erkannt werden können, wird es auch zu keiner zielgerichteten Handlung kommen.«

Oft wissen wir oder spüren wir, dass uns etwas nicht länger passt, wir unzufrieden sind, aber es fällt uns schwer zu benennen, was uns fehlt. Manchmal kann es helfen, sich vorzustellen, zu fantasieren, »was wäre, wenn ...«. Ein Ratsuchender, der sich nicht entscheiden konnte, ob er seine Freundin weiterhin besuchen oder die Beziehung zu ihr abbrechen sollte, antwortete auf die Frage »Was willst du tun?« zunächst mit einem verwirrten und frustrierten: »Ich weiß es nicht.« Als der Therapeut ihm vorschlägt, sich vorzustellen, dass seine Freundin ihn anruft und ihm mitteilt, dass sie die Beziehung beenden sollten, stellt er sich das vor, »seufzt vor Erleichterung und wurde sich dessen bewusst, dass er sich nach einem solchen Telefonanruf befreit fühlte. Von dieser Phantasie war es nur ein Schritt zum Erkennen seines wirklichen Wunsches hinsichtlich der Beziehung.« Es war zugleich der Beginn der Arbeit an jenen Faktoren, die ihn an der Verwirklichung seines Wunsches hinderten, um jetzt die Voraussetzungen dafür zu schaffen, mit der Zeit mithilfe seines Willens seine Wünsche umzusetzen.

Unsere Wünsche beseelen

Es gibt unterschiedliche Wege und Methoden, um mit unseren Wünschen in Berührung zu kommen und sie zu erkennen. Spirituelle oder therapeutische Begleitung können von Hilfe sein. Dann wieder genügt es, sich etwas Zeit zu gönnen, nach innen zu gehen und zu lauschen, wonach ich mich sehne, was ich mir wünsche, was ich will. Ich versuche dabei, mit dem Zentrum meiner Willenskraft in Berührung zu kommen und mir selbst auf eine ganz innige Weise zu begegnen.

Ich besuche mich dann selbst und nehme mit meinem Innersten Kontakt auf. Ich werde sensibler für meine Wünsche, nehme wacher als sonst mein Willenszentrum wahr. Ich werde auch empfänglicher für die Regungen meiner Seele und die Botschaften, die darin enthalten sein mögen. Ich lasse zu, dass meine Wünsche von meiner Seele berührt, beeinflusst und beseelt werden. Ich will das, weil ich weiß, dass meine Seele die Dinge weiter und tiefer, dass sie das Ganze sieht, auch das, worum es wirklich und letztendlich geht: die »Gegebenheiten unsrer Existenz« (Yalom 2008, 193), die letzten Dingen, zu denen Tod, die Erfahrung von Isolation, die Frage nach dem Lebenssinn und der rechte Umgang mit unserer Freiheit zählen. Die Seele ist zugleich auch die Botschafterin meines Schicksals, weiß mehr um mich als mein bewusstes Ich. Sie besitzt den großen Überblick, ist Anwältin und Repräsentantin des Universums, Gottes. Sie sorgt dafür, dass mein alltägliches Tun eingebettet bleibt in dem Größeren, dem mir vom Schicksal Zugedachten, den (Heils-)Plan Gottes.

Dabei handelt es sich zunächst um ein innerpsychisches Geschehen. Es bleibt aber nicht dabei. Wenn ich mich nach innen wende, mich selbst besuche, komme ich auch mit der Instanz in mir in Berührung, die die Verantwortung für mein Leben und die Gestaltung meines Lebens hat. Sie geht nicht auf in meiner Seele, ist aber von meiner Seele berührt worden. Das hat auch Auswirkungen auf mein äußeres Leben, meinen Alltag, meine Entscheidungen. Hier geht es darum, in einem lebendigen Austausch zwischen meinem Ich, meiner Willenskraft und meiner Seele die richtige Balance zu finden. Es geht ja nicht darum, das Ich zu entthronen oder die Seele auszuschalten, sondern darum, mein Ich zu beseelen, sodass in meinem Willen auch meine Seele zum Ausdruck kommt.

Aus der Tiefe meines Seins in Beziehung zu meinem Leben treten

Es geht darum, dass ich, mit allem, was mich ausmacht, mein bewusstes und mein unbewusstes Ich, mein Selbst, von dem mein bewusstes Ich nur die Spitze eines Eisberges ausmacht, in meinen Entscheidungen spürbar und sichtbar wird. Das wird mir am ehesten gelingen, wenn ich aus der Tiefe meines Seins heraus in Beziehung trete zu meinem Leben. Ich weiß dann um meine Angst vor der Freiheit, ich blende mein Schicksal und meine Bestimmung nicht aus meinem Leben aus, sondern gehe mit diesem Wissen und dieser Erfahrung auf mein Leben zu.

Ich weiß weiter um die äußeren Ausprägungen meines Lebens, bestimmte Ereignisse, Aufgaben, die ich habe etc., ich weiß um die vielen Ablenkungen, die auch angenehm sind und auf die ich nicht verzichten möchte. Doch ich weiß auch, dass es darunter und darüber etwas gibt, das mehr ist als alles Vordergründige und Äußere, mein Leben umfangen ist vom Geheimnisvollen, von Kräften, die ich erahnen, deren Auswirkungen ich spüren, deren Verursacher ich aber nicht sehen kann. Es geht dabei nicht darum, das Äußere, den gesellschaftlichen oder kirchlichen Kontext, in den ich eingebettet bin, wirtschaftliche Gegebenheiten, die familiäre Situation, Verantwortung, der ich nachzukommen habe, kleinzureden, die Bedeutung von Gesundheit, Erfolg, Ansehen aufzuheben. Alles das ist Teil unseres Lebens und wird bis zu unserem Ende Teil unseres Lebens bleiben. Doch es ist nicht alles und es ist, wenn es darauf ankommt, nicht unbedingt das Entscheidende.

Wir sind gut beraten, das nie zu vergessen und uns hier nichts vorzumachen. Erst dann können wir manche Probleme, die wir in der Welt, die wir uns schaffen, haben, manche Schwierigkeiten, die wir in den Beziehungen haben, die wir pflegen, besser verstehen und da und dort besser bewältigen. Wir bleiben nicht länger an der Außenseite stehen, betrachten und beurteilen unsere Probleme nicht nur oberflächlich. Wir dringen jetzt tiefer in sie ein, gehen sie grundsätzlicher, von unserem Kern her, an. Wir stellen uns dann der Aufgabe, die sich daraus für uns ergibt, die Verantwortung für unser Leben zu übernehmen. Wir nehmen die Verantwortung für unsere eigene Welt, unseren Lebensentwurf, unsere Einstellungen und Handlungen wahr und entscheiden uns in Freiheit, uns in das Wirken einer größeren Macht, Gott, hineinzustellen. Damit wird uns die Verantwortung für unser Leben und dessen Gestaltung nicht aus der Hand genommen. Sie wird aber in unsere Gelassenheit und innere Freiheit schenkende Hingabe und unser Uns-Überlassen an das Größere, an Gott eingebettet.

Ich liebe es, mich manchmal in meinen innersten Bereich zurückzuziehen. Mich ganz herauszunehmen von dem, was mich sonst bestimmt und beherrscht. Zuweilen unterstreiche ich das, indem ich mich äußerlich an einen Ort zurückziehe, eine Hütte, ein Kloster, einen Wald. Manchmal kann es auch Flucht sein. Meistens aber ist es einfach das Verlangen, mich selbst wieder mehr zu spüren, mit meinem Inneren, dem Ort in mir, an dem ich am meisten mir selbst begegne, in Berührung zu kommen. Ich kenne die »Gefahr«, nicht mehr aus diesem Schutzraum herausgehen zu wollen, mich nicht wieder erneut meinem Alltag mit all seinen Plagen, Sorgen und Banalitäten stellen zu wollen.

Allein, solange ich auf Erden bin, will und soll das Teil meines Lebens sein, ganz abgesehen davon, dass dieser Alltag auch Freude, Erfüllung schenkt, mir die Möglichkeit schenkt, zu lieben und geliebt zu werden. So versuche, ich beides miteinander zu verbinden. Zum einen ziehe ich mich zurück, um mich für eine Weile nicht länger absorbieren zu lassen von den Anforderungen meiner Umwelt. Ich besuche mich selbst, um mir wieder mehr Klarheit darüber zu verschaffen, was ich mir wünsche und was ich will. Ich tauche dabei auch ein in die Welt des Ewigen, betrachte mein Leben in *conspectu aeternitatis*, aus der Sicht der Ewigkeit, um es dadurch auf der einen Seite zu relativieren, zugleich aber auch zu würdigen und zu bereichern. Dann aber öffne ich mich wieder meiner Umwelt und versuche, in sie hineinzuwirken, trete vielleicht und hoffentlich bewusster als vorher von mir aus meiner Umgebung entgegen, treffe Entscheidungen. Ich tue das als einer, der sich dabei beeinflussen lässt von der Erfahrung der Verbundenheit mit der Ewigkeit, dem Grenzenlosen, dem Geheimnisvollen. Dann aber sehe und gewichte ich die alltäglichen Dinge anders. Sie müssen vor mir und dem Ewigen, dem Geheimnisvollen bestehen können. In ihnen muss Wesentliches von mir, meinem Ich, meinen Wünschen, meinem Willen, meiner Seele zum Ausdruck kommen.

»Es kommt einzig auf den Mut an. Er geht auch dem Tapfersten oft verloren, dann neigen wir zum Suchen nach Programmen, nach Sicherheiten und Garantien. Der Mut bedarf der Vernunft, aber er ist nicht ihr Kind, er kommt aus tieferen Schichten.«

HERMANN HESSE

MUT ZUR ENTSCHEIDUNG

Wofür soll ich mich entscheiden?

»Heirate oder heirate nicht, du wirst beides bereuen«, soll der Philosoph Sören Kierkegaard gesagt haben. Habe ich für mich vielleicht auch mit therapeutischer Hilfe herausgefunden, was meine Wünsche sind, heißt das noch lange nicht, dass ich am Ziel meiner Wünsche bin. Jetzt wird es erst so richtig spannend. Denn, nachdem mir meine Wünsche klar vor Augen liegen, geht es darum, mich zu entscheiden, welche Wünsche ich mit der Hilfe meines Willens verwirklichen will. Das ist oft leichter gesagt als getan, vor allem dann, wenn die Erfüllung des einen Wunsches der Erfüllung eines anderen Wunsches im Wege steht. Es ist das Dilemma jenes Menschen, der das eine nicht mehr als das andere begehrt oder, weil er alles will, das, was er zutiefst begehrt, dabei aus den Augen verliert.

Viele fühlen sich angesichts der mannigfaltigen Möglichkeiten, die sie grundsätzlich haben, überfordert, sich für eine Möglichkeit zu entscheiden. Das wird dadurch verstärkt, dass wir in unserem Kulturkreis in den letzten Jahrzehnten uns nicht länger in dem Umfang, wie das früher der Fall war, an Konventionen halten müssen, die vorgeben, wie wir uns zu verhalten, was wir zu glauben, welche Beziehungen wir einzugehen und wie wir sie zu gestalten haben. »Der Mensch hat seine haltende Umgebung, das heißt den hergebrachten normativen Kosmos, wie Käfigstangen gesprengt« (Jung 2007, 18). Er hat damit aber auch, so Matthias Jung weiter, die Sicherheit und die Orientierungshilfen verloren, kann sich nicht länger auf Konventionen, gesellschaftliche Vorgaben stützen, die ihm viele Entscheidungen abnahmen. Er ist jetzt auf sich gestellt.

Entscheidung und Verzicht

Die Basis meiner Freiheit wird dadurch erweitert. So wünschenswert und bereichernd das ist, es kann mir auch Angst machen, muss doch jetzt ich die Entscheidung treffen und die Verantwortung für meine Entscheidung übernehmen, ohne zu wissen, was sich aus meinen Entscheidungen ergeben wird. Dazu kommt: Entscheide ich mich für das eine, entgeht mir möglicherweise das andere.

Ich kann dieses Dilemma nur überwinden, indem ich mich für das eine entscheide und das, wofür ich mich entschieden habe, entschieden verfolge, während ich auf das, was mir dadurch entgeht, bewusst verzichte. Es gibt keine andere Lösung, um aus diesem Dilemma herauszukommen. Dazu bedarf es meines Willens, meiner Willenskraft, die hier aktiv werden müssen, indem sie eine Klarheit darüber schaffen, was ich will, da das die Voraussetzung dafür ist, um meinen Wunsch verwirklichen zu können. Im anderen Falle besteht die Gefahr, dass vor lauter Wünschen es bei den Wünschen bleibt, keiner aber umgesetzt wird, da durch die

Unklarheit und das Durcheinander unser inneres Zentrum, das für die Umsetzung unserer Wünsche zuständig ist, lahmgelegt wird.

Mich für das eine entschieden zu entscheiden und auf das, was ich damit nicht haben kann, zu verzichten, mag nicht jedem gefallen. Wenn wir uns aber bewusst machen, dass es hier nicht darum geht, mit erhobenem Zeigefinger etwas zu verbieten, sind wir vielleicht bereit, diese Erkenntnis für die Gestaltung unseres Lebens zu nutzen. Wollen wir zum Beispiel eine bedeutsame, verbindliche, liebevolle, innige Beziehung zu einer Person, »dann müssen eine Reihe dem widersprechender zwischenmenschlicher Wünsche – wie Eroberung, Besitz ergreifen, Verführung oder Unterjochung – verworfen werden« (Yalom 2005, 371).

Ben zerreißt es fast. Er liebt Judith, die er seit einem knappen Jahr kennt, leidenschaftlich. Sie ist die Frau, die ihn sexuell total erfüllt. Mit ihr kann er seine bisher unerfüllten sexuellen Wünsche und Fantasien endlich ausleben. Doch da gibt es auch Annika, seine Frau, mit der er seit 15 Jahren verheiratet ist und zwei Kinder hat. Er liebt Annika, mit der er in den vergangenen Jahren ein insgesamt gutes Leben verbracht hat. Auch seine Familie bedeutet ihm viel, schenkt ihm die Erfahrung von Zugehörigkeit und Sinn. Als die Situation eskaliert und er sich für eine von beiden Frauen entscheiden muss, wird er fast verrückt. Alles abwägen, was für, was gegen die eine oder andere Beziehung spricht, hilft ihm letztlich nicht weiter. Schließlich entscheidet er sich für seine Ehefrau. Ben hätte sich auch für Judith entscheiden können. In beiden Fällen bleibt ihm nicht der Schmerz erspart, der mit dem Verzicht einhergeht, wenn ich mich, indem ich mich für etwas entscheide, zugleich auch gegen etwas entscheide. Doch bis Ben so weit war, dauerte es lange. Sein Lebensschiff war so starken Wellen und Stürmen ausgesetzt, seine Gefühle so gewaltig, dass er lange nicht glaubte, in der Lage zu sein, das Ruder in die

Hand nehmen und entscheiden zu können, in welche Richtung sein Schiff fahren soll. Es war ihm, als sei er fremden Mächten und Kräften ausgesetzt, so heftigen Gefühlen, dass er ihnen ohnmächtig ausgeliefert sei. Kapitän seines Schiffes zu sein, erschien ihm angesichts dieser Situation als unmöglich. Und dennoch hatte er natürlich die Freiheit, sich zu entscheiden. Was ihm zunächst fehlte, war der Wille und schließlich der Mut, sich für das eine zu entscheiden, auch wenn das mit einem Verzicht einherging. Er wollte sich nicht entscheiden – was man zunächst auch verstehen und nachfühlen kann. Das ist aber etwas anderes als nicht entscheiden können.

Sobald mir klar wird, dass ich mich sehr wohl entscheiden kann, ich mich aber nicht entscheiden will, weil ich, wenn ich mich für das eine entscheide ich mich gegen das andere entscheide, das mir genauso wichtig ist, verändert sich meine Lage. Ich bleibe nicht länger in der hilflosen Rolle. Jedenfalls kann ich mich nicht länger damit entschuldigen, dass ich mich nicht entscheiden kann. Das kann der Beginn sein, noch einmal genauer hinzuschauen, was ich wirklich will, um schließlich den Mut aufzubringen, eine Entscheidung zu treffen, sie dann auch umzusetzen und den Schmerz und die Trauer darüber, was ich mir damit verbaue, zuzulassen.

Wille gepaart mit Mut

Gerade bei Beziehungsproblemen glauben wir oft, nicht frei zu sein, eine Entscheidung treffen zu können, so ohnmächtig fühlen wir uns solchen Situationen ausgesetzt. Das kann so weit gehen, dass wir meinen, einer anderen Person verfallen zu sein. In solchen Situationen wird sich zeigen, wie stark unser Wille ist. Er muss hier beweisen, dass er stärker ist als unsere Gefühle. Erst dann haben wir eine Chance, uns aus der Gefangenschaft der anscheinend übermächtigen Gefühle zu befreien. Damit werden unsere Gefühle nicht abgewertet. Wir unterstellen aber unsere innere lenkende Instanz nicht der Führung durch unsere Gefühle.

Wir müssen zunächst wissen, was wir wünschen und was wir wollen, um dann zu versuchen, das, was wir wollen, über unseren Willen umzusetzen. Das mag uns in dem einen Fall leichter, in einem anderen Fall schwerer fallen. Schwerer wird es uns fallen, wenn wir unschlüssig sind, nicht den Mut haben, uns für das eine oder das andere zu entscheiden, etwa wenn wir mit Widerstand rechnen oder uns auf neues Terrain wagen müssen. Es sind die Situationen, in denen unser Wille mit Mut gepaart sein muss, um das, was wir wollen, durchsetzen und umsetzen zu können. Jetzt sind wir gefordert, zu handeln, Entscheidungen zu treffen, Projekte umzusetzen. Oft fehlt uns der Mut dazu, uns klar für etwas zu entscheiden, damit aber auch uns zu zeigen, uns zu positionieren, möglicherweise damit auch Konflikte heraufzubeschwören.

Das englische Wort für Mut *courage* hat denselben Stamm wie das französische Wort *coeur*, was mit Herz übersetzt werden kann (vgl. May 1980, 4). Genau darauf kommt es jetzt an, darauf bin ich jetzt angewiesen: auf meine Herzkraft, mein Herzblut, meine Leidenschaft. Sie muss ich einsetzen, damit wird, was *ich* will. Ich muss von dem, was ich will, überzeugt sein, mit meinem ganzen Herzen dahinterstehen und alle mir zur Verfügung stehende Energie und Ausdauer dafür aufwenden. Auch um den Kölner Dom zu bauen, genügte es nicht, das zu wollen, meinte Heinrich Heine. Es bedurfte dazu des Mutes, der festen Überzeugung, des konkreten Einsatzes und der Hingabe vieler Menschen.

Ein Baum wird den inneren Gesetzmäßigkeiten entsprechend ein Baum, ein Kätzchen eine Katze. Ein Mensch wird ein Mensch, aber was für ein Mensch er wird, das hängt auch von inneren Gesetzmäßigkeiten, Vorgaben, vom Schicksal ab. Es hängt aber darüber hinaus auch davon ab, wie sehr wir von unserer Freiheit Gebrauch machen und uns für dieses und gegen jenes entscheiden und dabei unser Wille und unser Mut beteiligt sind. In unserem Willen und Mut, die von unseren Wünschen, aber auch von unseren Überzeugungen gespeist und getragen werden, setzen wir unsere Freiheit um. Wir machen vom Privileg unsrer Freiheit Gebrauch, das uns Menschen von der übrigen Schöpfung unterscheidet. Wir entscheiden dadurch mit, was aus unserem Leben wird, wie wir unser Leben gestalten und was für ein Mensch wir werden wollen.

Entscheidungen sind sehr kostbar, sie kosten dich alles Übrige

Sich für das eine zu entscheiden, kann dazu führen, auf anderes, was wir vielleicht auch wollen oder gerne hätten, verzichten zu müssen. »Entscheidungen sind sehr kostbar, sie kosten dich alles Übrige«, zitiert Irvin D. Yalom (2005, 378) eine Klientin. Wer aber tut das gerne? Oft mangelt es uns an Überzeugung und Herzkraft, den Weg zu beschreiten, der zur Erfüllung des einen Wunsches führen kann, zugleich aber mit sich bringt, dass wir auf die Erfüllung anderer Wünsche verzichten müssen. Um den Schmerz zu vermeiden, ziehen wir es vor, alles offenzulassen, uns nicht festzulegen, die Dinge sich einfach entwickeln zu lassen. Oder wir lassen lieber andere für uns entscheiden, die wir dann auch dafür verantwortlich machen können, wenn es uns mit den Entscheidungen, die sie getroffen haben, nicht gut geht.

Doch diese Rechnung geht nicht auf. Denn auch wenn ich mich nicht für etwas entscheide, muss ich die Verantwortung für meine

Nicht-Entscheidung übernehmen. Es liegt an mir, ob ich mich entschieden und mutig für etwas entscheide. Es liegt aber auch an mir, ob ich aus Angst vor Konflikten, aus Angst vor einer möglichen falschen Entscheidung oder aus Angst vor dem Schmerz, der damit einhergehen mag, wenn ich dadurch auf anderes, was mir auch wichtig ist, verzichten muss, keine Entscheidung treffe. Ich muss entscheiden und die Verantwortung für meine Entscheidungen oder auch Nicht-Entscheidungen übernehmen. Denn: »Zögern ist eine Entscheidung ebenso wie versagen, trinken und verführt, ausgebeutet oder erwischt zu werden. Nietzsche sagte, dass man erst, wenn man den Selbstmord gründlich in Erwägung gezogen hat, sein Leben ernst nimmt« (Yalom 2005, 395). Erst wenn »man die Allgegenwart seiner Entscheidungen voll akzeptiert« (Yalom 2005, 395), ist man sich selbst gegenüber ehrlich.

Die Verantwortung für meine Entscheidungen übernehmen

Als Psychotherapeut höre ich immer wieder: »Es hat sich so entwickelt«, »Es ist einfach so passiert« usw. Ich unterbreche dann und bitte darum, statt von »es« von »ich« zu sprechen und den Satz entsprechend umzuformulieren. Meine Gesprächspartner merken dann sehr schnell, welch großer Unterschied besteht, ob »es passiert« oder »ich dieses oder jenes tue«. Im einen Fall bleibe ich unverbindlich, mache ich irgendetwas Anonymes außerhalb von mir für meine Situation oder mein Verhalten verantwortlich. Im anderen Fall, wenn ich von mir spreche, bin ich selbst der Handelnde, der hinter seinem Verhalten steht und dafür auch die Verantwortung trägt. Damit lasse ich die Verantwortung dort, wo sie hingehört: bei mir. Ich hebe damit die lenkende, innere Instanz in mir, meinen Willen, wieder stärker ins Bewusstsein. Sie ist ja die Kraft, über die ich verfüge. Ist es aber nicht länger ein »Es«, das für meine Situation verantwortlich ist, sondern bin ich selbst es, dann bin es auch ich selbst, der seine Situation verändern kann. Zumindest kann ich die Möglichkeiten, etwas zu tun oder zu ändern, ausloten und nutzen, die bei allem Vorgegebenen bleiben.

Manuel, 35 Jahre alt, lebt seit drei Jahren in einer Beziehung mit Julia. Je länger er mit ihr zusammen ist, desto mehr nervt sie ihn, spürt er, dass sie ganz andere Vorstellungen von Partnerschaft hat als er. Am liebsten würde er sich von ihr trennen. Doch dann, so seine Angst, muss er damit rechnen, dass er keine neue Partnerin findet. Er denkt mit Schrecken daran, wie lange es gedauert hatte, bis er endlich über eine Kontaktanzeige Julia gefunden hat. Die Vorstellung, plötzlich wieder alleine dazustehen, hält ihn davon ab, sich von Julia zu trennen.

Manuel vermeidet eine klare Entscheidung, weil er sich nicht zutraut, ohne Julia leben zu können bzw. wirklich jemanden als Partnerin zu finden, die seinen Vorstellungen entspricht. Solange er nicht in der Lage ist, auf das zu verzichten, was ihm die Beziehung mit Julia gibt – sowenig es inzwischen auch zu sein scheint –, nimmt er sich die Möglichkeit, eine klare Entscheidung zu treffen. Er nimmt damit in Kauf, nur halb oder noch weniger zu leben, als er eigentlich leben möchte. Manuel fehlt der Mut zu einer klaren Entscheidung.

Würde er sich klar für den Kompromiss entscheiden, auf den er sich eingelassen hat, indem er bei Julia bleibt, könnte er ihm vielleicht einiges abgewinnen. Doch auch dazu ist er nicht bereit oder in der Lage, da er ja dann die Verantwortung dafür übernehmen müsste, sich für den Status quo entschieden zu haben. Dazu kommt, dass er durch seine Unentschiedenheit auch verhindert, sich seinem eigentlichen Problem zu stellen, nämlich seiner Unfähigkeit, Alleinsein aushalten zu können. Würde er sich damit gegebenenfalls auch mit professioneller Hilfe auseinandersetzen, hätte er den ersten Schritt in eine Richtung getan, bei der er die Verantwortung für sein Leben übernimmt.

Bevor er sich auf eine neue Beziehung einlässt, muss vorher mit ihm und an ihm einiges geschehen sein, muss zunächst er sich verändert oder verwandelt haben. Dann leistet er zumindest das, was er tun kann, um die Voraussetzungen dafür zu schaffen, dass in einer neuen Beziehung alte Muster und Fehler, alte unrealistische Erwartungen sich wiederholen. Denn in unseren innigen Beziehungen treffen wir immer nur uns selbst. Der andere, so Eva-Maria Zurhorst, ist immer nur die Leinwand, auf der wir unsere eigenen unerfüllten Bedürfnisse betrachten können. Oft glauben wir, über Beziehungen zur Erfüllung unserer tiefen Sehnsucht nach Ganzheit zu finden. Wenn wir der Erfüllung dieser Sehnsucht näher kommen wollen, bedarf es daher eines entscheidenden Perspektivenwechsels: den Blick vom anderen weg auf »unsere eigenen Abgründe« (Zurhorst 2009, 53). Dann werden wir, so Eva-Maria Zurhorst, vielleicht auf unliebsame Eigenschaften und verborgene Ängste in unserem Tun und Sein stoßen und damit beginnen, »die Schwierigkeiten in unseren Beziehungen langsam in einem anderen Licht zu sehen«(57).

Stärkung unserer Selbstachtung

Wollen wir zufrieden und glücklich sein, in uns erfüllenden innigen Beziehungen leben, bleibt uns diese Auseinandersetzung mit uns selbst nicht erspart, so unangenehm und schmerzvoll dies auch manchmal für jeden einzelnen sein mag. Wir müssen aber unserer Wirklichkeit ins Gesicht sehen, uns dem Leben stellen und das Leben wagen. Das hängt natürlich nicht nur von uns selbst ab, aber wir können oft viel mehr dazu beitragen, als wir denken oder manchmal auch wollen.

Daher sollten wir die Möglichkeiten, die wir haben, uns zu verwirklichen, zu unserer Eigentümlichkeit und Einzigartigkeit zu finden, nutzen und dabei das, was uns wichtig ist, von dem wir überzeugt sind, vorantreiben und umsetzen.

Das hat auch entsprechende Auswirkungen auf unser Selbstverständnis und Selbstbild. »Menschen erlangen Wert und Würde aufgrund der Menge an Entscheidungen, die sie jeden Tag treffen. Solche Entscheidungen erfordern Mut« (May 1980, 5). Wenn ich mich aktiv für etwas entscheide, indem ich bewusst und klar eine Entscheidung treffe, stärkt mich das, trägt das zu einer Stärkung meines Selbstwertgefühles bei. Entscheide ich mich passiv, indem ich mich dazu entscheide, dass andere für mich Entscheidungen treffen, hat das entsprechende negative Auswirkungen auf meine Selbstachtung.

Ein 28-jähriger Bankkaufmann wohnt bei seiner geschiedenen Mutter. Das Wochenende verbringt er mit seiner Freundin. Seine Mutter wirft ihm ständig vor, dass er zu viel Zeit bei seiner Freundin verbringt, seine Freundin, dass er zu viel Zeit bei der Mutter sei. Er weiß im Grunde genommen, was er tun müsste: zunächst einmal ein eigenes Leben zu leben. Doch er kann sich zu keiner Entscheidung durchringen. Also wird er gelebt. Er entscheidet sich, nicht zu entscheiden, und lässt die anderen für sich entscheiden. Entsprechend erbärmlich und klein fühlt er sich.

Aus der Perspektive unserer Endlichkeit Entscheidungen forcieren

Sich bewusst zu machen, dass wir nur dieses eine Leben haben und uns nur eine recht begrenzte Zeit zur Verfügung steht, kann uns ermutigen, nicht nur halb zu leben, sondern ein Leben in Fülle anzustreben, indem wir selbstbewusster und selbstbestimmter das leben, was unseren Wünschen und unserem Wesen entspricht, damit wird, was werden soll.

Sehr eindrucksvoll beschreibt das Irvin D. Yalom (2010, 189) mit folgender Metapher, die er von dem Evolutionsbiologen Richard Dawkins übernommen hat: »Man stelle sich einen laserdünnen Schweinwerferstrahl vor, der sich unaufhaltsam entlang des immensen Zeitlineals bewegt. Alles, was der Strahl passiert hat, verliert sich in der Dunkelheit der Vergangenheit, alles davor liegt in der Dunkelheit dessen verborgen, was erst noch geboren wird. Nur das, was von dem laserfeinen Lichtstrahl beleuchtet wird, lebt.« Dieses Bild vertreibe, so Irvin D. Yalom, die Unerbittlichkeit und rufe in ihm den Gedanken wach, wie glückselig es ist, hier zu sein, lebendig, und sich in der Freude am schieren Sein zu aalen, und wie töricht es sein würde, unsere kurze Zeit im Lebenslicht zu verringern, indem wir Ideen verfolgen, die das Leben verneinen, und erklären, das wahre Leben sei woanders zu finden, in der zutiefst gleichgültigen immensen Dunkelheit vor uns.

Das Bewusstsein unserer Endlichkeit kann uns die Kostbarkeit unseres Lebens, des kurzen Augenblickes, den wir Leben nennen, noch bewusster machen. Aus diesem Bewusstsein heraus kann eine Einstellung gegenüber dem Leben entstehen, die uns sensibler macht für das Leben, die uns einlädt, unser Leben zu schätzen, auszukosten, verantwortungsvoll zu gestalten, mutig die Verantwortung dafür zu übernehmen. »Indem man den Tod im Sinn hat, wechselt man zu einem Zustand der Dankbarkeit, der Wertschätzung für die zahllosen Gegebenheiten der Existenz. Das ist das, was die Stoiker meinten, als sie sagten: »Betrachte den Tod, um zu lernen, wie man lebt.« Dieser Imperativ ist also kein Ruf nach einer morbiden Fixierung auf den Tod« (Irvin D. Yalom), sondern eine Ermutigung, bewusster zu leben und damit unser Leben zu bereichern. »Der dunkle Hintergrund, für den der Tod sorgt, bringt die zarten Farben des Lebens in all ihrer Reinheit zum Leuchten« (Santayana). So tragen die Auseinandersetzungen mit unserer Endlichkeit zu einer erhöhten Sensibilisierung für das Leben bei. Sie können weiter dazu führen, noch bewusster vom Herzen her zu leben, unser Leben nicht zu vertagen, sondern in der begrenzten Zeit, die mir beschieden ist, ganz zu leben.

Manchmal frage ich einen Klienten, was er tun würde, wenn er nur noch einen Tag zu leben hätte. Mir geht es bei dieser Frage darum, aus einem neuen, grundsätzlichen Blickwinkel sein aktuelles Problem zu sehen, »Trivialitäten im Leben zu trivialisieren« (Yalom 2005, 398). Es geht darum, aus der Perspektive des Todes, unserer Endlichkeit, das Bewusstsein zu schärfen, worum es uns letztendlich geht, auch um dadurch die mögliche Banalität der augenblicklichen Situation angesichts unseres ganzen Lebens zu erkennen.

Der 28-jährige Bankkaufmann, von dem oben die Rede ist, antwortete auf meine Frage, was er tun würde, würde er nur noch einen Tag leben, dass er die verbleibende Zeit dazu nutzen würde, unerledigte Dinge zu tun, und meinte damit vor allem, sein Zimmer, das vollgestopft ist mit Prospekten, Bedienungsanweisungen, Post usw., aufzuräumen. Das zu tun, ist ihm versagt, weil er so sehr – von seiner Mutter und seiner Freundin – in Beschlag genommen wird. Erst im Augenblick des Todes sieht er sich in der Lage, endlich in seinem Leben aufzuräumen, einmal Ordnung in sein Leben zu bringen. Sich frei zu fühlen, das zu tun und zu lassen, was er für richtig erachtet. Man mag geneigt sein zu denken:

»Du armer Tropf, dass dir in der dir verbleibenden Zeit nichts Besseres einfällt.« Und ich war zunächst versucht, genauso zu denken. Doch zählt, was er für wichtig erachtet, egal wie andere das einschätzen. Er könnte eine Entscheidung treffen, zu der er sich bisher nicht in der Lage sah. Er könnte seinem Willen zum Durchbruch verhelfen. Genau das könnte dann geschehen: ein Durchbruch, der ihn aus seinem Dilemma herausführt. Eine Schneise wäre damit geschlagen, die ihn den Weg zu seinen bisher nicht genutzten Möglichkeiten führen könnte.

Existenzielle Schuld

Das Bewusstsein, dass unser Leben einem Darlehen vergleichbar ist, das wir am Ende nicht einfach unangetastet zurückgeben sollen, sondern aus dem wir etwas machen sollen, könnte uns dazu ermutigen, manchmal auch anfeuern, so zu leben, dass wir am Ende unseres Lebens »das Fest des Lebens wie ein wohlgesättigter Gast verlassen« (Nikos Kazantzakis). So kann es auch so etwas wie den richtigen Moment geben, nach dem wir sterben und auch bereit sind zu sterben, weil wir das Leben wie ein wohlgesättigter Gast verlassen können und unseren Möglichkeiten entsprechend gelebt haben.

Weil sie genau das nicht getan haben, fühlen sich manche schuldig. Irvin D. Yalom spricht hier von existenzieller Schuld. Diese ist für ihn mehr als ein unangenehmer Gemütszustand, »ein Symptom, das durchgearbeitet und überwunden werden kann« (2005, 339). Vielmehr betrachtet er sie als »eine positive, konstruktive Kraft, ein Führer, der uns zu uns selbst zurückruft« (2005, 333). Es ist ein Ruf von innen, der als Führer zu persönlicher Erfüllung dienen soll. Existenzielle Schuld ruft nach Wiedergutmachung, will uns dazu auffordern, dass wir wir selbst sind oder werden. In unserer existenziellen Schuld spricht »jemand in mir, der mehr ich ist als mein Selbst« (heiliger Augustinus). Andere Begriffe für existenzielle Schuld sind nach Irwin D. Yalom Bedauern und Reue.

»Existenzielle Schuld« geht dabei, so Irwin D. Yalom (2005, 380), über die traditionelle Schuld hinaus, bei der der Mensch eine reale oder phantasierte Verletzung des anderen bedauert. Sie rührt aus der Verletzung unserer selbst her. Sie entspringt dem Bedauern beim Bewusstwerden eines ungelebten Lebens, der ungenutzten Möglichkeiten in uns« (380). Der beste Weg aus dieser Schuld – sozusagen die Buße – besteht darin, umzukehren und von jetzt an die Verantwortung für unsere Zukunft selbst in die Hand zu nehmen. »Man kann für die Vergangenheit nur büßen, indem man die Zukunft verändert«, meint Irwin D. Yalom (382). Dafür bedarf es eines »Wandels im Herzen«, der oft erst durch Schicksalsschläge, durch neue tiefe Einsichten, bewirkt wird.

Wie das auch für die Frau im folgenden Fallbeispiel von Irwin D. Yalom (2005, 333 f.) zutrifft, die so lange keine Freude mehr am Leben hatte und sich für wertlos erachtete, bis sie mit professioneller Hilfe ihre Starre überwinden konnte, und ihr Leben, weil sie es in die Hand nahm, wieder zu fließen begann. Die Patientin, von der Irvin D. Yalom berichtet, suchte ihn wegen schwerer Depressionen und dem Gefühl, nichts wert zu sein, auf.

»Sie war 50 Jahre alt und seit zweiunddreißig Jahren mit einem hochgradig gestörten, gehässigen Mann verheiratet. Bei vielen Gelegenheiten in ihrem Leben hatte sie erwogen, eine Therapie zu beginnen, hatte sich aber dagegen entschieden und sie fürchtete, dass die Selbsterforschung zu einem Bruch ihrer Ehe führen würde, und sie konnte sich nicht dazu durchringen, sich der Isolation, dem Schmerz, der Schande, der ökonomischen Entbehrung und dem Eingeständnis des Versagens auszusetzen. Schließlich war sie so gebrochen, dass sie gezwungen war, Hilfe aufzusuchen. Obwohl sie physisch in meiner Praxis Patient war, weigerte sie sich, sich auf die Therapie einzulassen, und wir machten wenig Fortschritte. Eines Tages gab es einen dramatischen Wendepunkt, als sie über das Alter und ihre Furcht vor dem Tod sprach. Ich forderte sie auf, sich selbst dem Tod nahe vorzustellen, auf ihr Leben zurückzuschauen und ihre Gefühle zu beschreiben. Ohne Zögern antwortete sie ›Bedauern‹. ›Bedauern wofür?‹, fragte ich. ›Bedauern dafür, dass ich mein Leben vergeudet habe, dass ich niemals gewusst habe, was ich hätte sein können.«

»Bedauern« war ihr Begriff für existenzielle Schuld, die wir empfinden, wenn wir nicht unser Leben gelebt haben, die uns grundsätzlich gegebenen Möglichkeiten nicht genutzt haben. Es bedurfte dieser Einsicht und Erkenntnis, um die Frau zu motivieren, nicht länger im Bedauern über ihr ungelebtes Leben, ihrer existenziellen Schuld, zu verharren, die sie unfrei machten, sondern zunehmend mit ihren Möglichkeiten, ihre Situation zu ändern, in Berührung zu bringen und dann auch entsprechend zu handeln. Dazu gehörte für sie auch, ihren »hochgradig gestörten, gehässigen« Mann zu verlassen. Voraussetzung dafür war, dass sie sich ihrer Schuld bewusst wurde, sie sich ihrer existenziellen Angst, die sie daran hinderte, selbst die Verantwortung in ihrem Leben zu übernehmen, stellte, ihr ins Gesicht sah und irgendwann merkte, dass sie ihr nicht einfach ausgesetzt ist.

Wenn wir aus Angst vor der Freiheit nicht leben, was wir eigentlich leben könnten, die uns grundsätzlich gegebenen Möglichkeiten nicht nutzen, machen wir uns also möglicherweise auch schuldig. Wird uns das bewusst, dürfen wir uns nicht in unserem Bedauern darüber aalen. Vielmehr sollte uns das ermutigen, noch mehr als bisher die Verantwortung dafür zu übernehmen, was wir aus unseren Möglichkeiten, aber auch unseren Beeinträchtigungen machen (vgl. Yalom 2005, 323 f.).

Wollen wir am Ende unseres Lebens nicht mit Bedauern feststellen müssen, dass wir eigentlich nicht wirklich gelebt haben, müssen wir unser Leben wagen, kreativ die uns gegebenen Möglichkeiten nutzen, Mut zu Entscheidungen haben. Wir sind aufgerufen, uns dabei von den Vorgegebenheiten nicht abhalten zu lassen, vielmehr sie in unser Fest mit einzubeziehen, ja uns von ihnen herausfordern zu lassen, um mithilfe unserer bisher vielleicht ungenutzten Kräfte, unserer Kreativität und unserer Fantasie, unser Leben zu einem Fest zu machen, das wir am Ende unseres Lebens dann erfüllt und dankbar verlassen können.

»In einer Kultur, die von Tatsachen und Bestimmungen vereinnahmt ist und entsprechend ungeduldig mit allen Geheimnissen umgeht, ist es äußerst schwierig, aus dem durchsichtigen, falschen Licht herauszutreten und in das kerzenlichtdämmrige Reich der Seele einzutauchen.«

JOHN O'DONOHUE

SCHICKSAL UND GEHEIMNIS

Die Verantwortung für unser Schicksal übernehmen

Sich dem Schicksal zu überlassen könnte verstanden werden als die Hände in den Schoß zu legen, sich zurückzulehnen und in einer passiven Haltung zuzuschauen, was geschieht. Das meine ich aber nicht damit. Für mich heißt das, nicht der Hybris zu verfallen, alles im Griff zu haben, die Dinge in unserem Leben und im Leben anderer Menschen unseren Vorstellungen entsprechend richten und lenken zu können.

Ich kann also nicht nur dasitzen und warten, was passiert. Ich kann aber gelassen mein Leben angehen, im Bewusstsein, dass mein Leben nicht nur von mir bestimmt wird, sondern umfangen ist von höheren Kräften, die einen starken Einfluss auf mein Leben haben und die stärker sein können als mein Wollen. Ich bin daher gut beraten, mit diesen Kräften zu rechnen, sie ernst zu nehmen, ja am Ende mich ihnen zu überlassen. Überlasse ich mich ihnen, heißt das aber nicht, zu resignieren oder nicht länger

Einfluss auf mein Leben zu nehmen und die Verantwortung für mein Leben abzugeben. Nein! Meine Aufgabe ist es, wach und sensibel dafür zu sein, was diese Kräfte, das Schicksal, für mich vorgesehen hat, worauf mein Leben hinauswill, um dann das dazu beizutragen, was ich dazu beitragen kann, dass geschieht, was geschehen soll.

Spirituell ausgedrückt geht es darum, herauszufinden, was Gott für mich vorgesehen hat, was sein Wille für mich ist, und ich das Meine dazu beitrage, dass Gottes Wille umgesetzt wird. Denn, so Romano Guardini, ich kann nur aus mir heraus der werden, der ich nach Gottes Willen sein soll. Gott will meine Freiheit nicht unterdrücken, er will sie freisetzen. Es liegt an mir, ob ich mir die Freiheit nehme, mich zu entscheiden, der zu werden, der zu werden ich bestimmt bin. Darin, so Meister Eckhart, kommt die höchste Form menschlicher Freiheit zum Ausdruck.

Wenn Freiheit und Schicksal sich die Hände reichen

Entscheiden wir uns, uns in Freiheit dem Schicksal, unserer Bestimmung, zu überlassen, reichen sich Schicksal und Freiheit die Hände, gehen sie ineinander über, werden sie eins (vgl. May 1981, 223). Ich trage dabei das dazu bei, was ich für richtig erachte. Ich treffe die Entscheidungen, die ich meine, treffen zu müssen, um dem näher zu kommen, was ich als meine Aufgabe, mein Ziel erkenne. Dabei tappe ich zwischendurch im Dunkeln, weiß nur den nächsten Schritt, den ich gehen soll. Ich gehe, soweit das Licht reicht. Was dahinter liegt, mag ich erahnen, ich weiß es aber nicht. Ich vertraue aber darauf, dass es mir Stück für Stück enthüllt wird.

Die Vorstellung, dass neben meinem Tun und Wollen, meinem

Bemühen und Versuchen, eine verborgene, geheimnisvolle Kraft, Gott, in und an mir wirkt, mich begleitet, im Tiefsten um mich und meinen Weg weiß, erfahre ich dabei als tröstlich und beruhigend. Diese Kraft, Gott, erinnert mich an meinen mir zugedachten Weg, wenn ich dabei bin, ihn zu verlassen oder gar schon verlassen habe.

Es kann sehr lange dauern, bis wir für uns herausfinden, was unser Schicksal, unsere Bestimmung ist. Doch wenn wir wie bei der Goldwäsche all den »Schmutz« beseitigt haben, der den Blick auf das Gold verstellt, wir unser Schicksal und unsere Bestimmung »sehen« und jetzt, nachdem wir sie erkannt haben, sie unterstützen und leben, dürfen wir die Erfahrung machen, wirklich uns zu leben. Zufriedenheit und Dankbarkeit stellen sich ein. Wir fühlen uns eins mit unserem tieferen Sein, dem Universum, unserem Schöpfer, Gott. Wir heiligen, konsekrieren darin unser Leben.

Was wir tun, ist dann abgedeckt von unserer Bestimmung. Allein ein äußerer Akt, z. B. Heirat oder Priesterweihe, sagt noch lange nicht, dass er vor unserer Bestimmung bestehen kann, umfangen ist von unserer Bestimmung. Erst wenn das der Fall ist, werden wir ein Gefühl von Stimmigkeit erfahren, da jetzt das Außen mit dem Innen übereinstimmt, Schicksal und Bestimmung auf der einen Seite und Freiheit und Entscheidung auf der anderen Seite ineinander übergehen. Da ist auch Raum für das Geheimnisvolle, das in alledem waltet und alles durchweht.

Ich verliere mich dabei nicht im Geheimnisvollen, ich verliere mich aber auch nicht im Alltäglichen. Im Schicksal begegnet mir, was mir aus der Perspektive des Überzeitlichen, des Ewigen, des Geheimnisvollen begegnen soll. Sind wir offen für das Schicksal, die Bestimmung, das Geheimnisvolle, weitet das unsere Welt und Weltsicht. Wir bleiben auf dem Boden der Wirklichkeit, können lachen, vor allem auch über uns selbst, können genießen und uns am Leben erfreuen. Wir können uns mit den wesentlichen Fragen des Lebens beschäftigen, ohne dabei das Leben und zu leben zu vergessen. Wir lassen aber zugleich auch die Welt, die für Schicksal, Bestimmung, das Geheimnisvolle steht, in unserer kleinen Welt Einkehr halten.

Ich erlebe es als eine Bereicherung meines Lebens, offen zu sein für das Geheimnisvolle, nicht alles dem grellen »Neonlicht der Analyse und Rechtfertigung« (O'Donohue 2008, 52) auszusetzen. Ich erfahre mein Leben, wenn ich es mit dem Schleier des Geheimnisvollen umhülle oder, um ein Bild von John O'Donohue (2008, 42) zu gebrauchen, in das Rembrandt-Licht mit seinen warmen goldbraunen Tönen tauche, tiefer. Es wird dadurch durchsichtiger und zugleich undurchsichtiger, eben geheimnisvoller. Erst dieses Licht schenkt uns einen wahren Eindruck von der Tiefe und der Substanz der Gestalten, die es sanft berührt.

Wenn ich mein Leben in dieses Rembrandt-Licht tauche, dann haben mein Schicksal und meine Freiheit Platz in meinem Leben. Dann gibt es vieles, was klar ist, für das ich bewusst die Verantwortung übernehme, ich mich einsetze, anstrenge, meine Angst überwinde. Es gibt auch so manches in meinem Leben, auf das ich keine Antwort finde, an dem ich nicht beteiligt war, was mir vielleicht auch keinen Sinn macht, aber trotzdem zu mir gehört. Es gibt so manches, was mir einfach widerfährt oder mir anscheinend zufällt. Mir bleibt dann nichts anderes übrig, als manchmal staunend, dann wieder schmerzerfüllt voller Ehrfurcht mich vor meinem Leben und dem, der an mir gewirkt hat, zu verneigen.

Sensibel sein für das Geheimnisvolle

Wenn wir wach und sensibel sind für unser Schicksal und die geheimnisvollen Kräfte, die es umwehen, betrachten wir unser Schicksal nicht länger nur als eine Bedrohung oder einen Gegenspieler unserer Freiheit. Vielmehr sehen wir darin auch eine Vorlage, uns die Freiheit zu nehmen, unserer Bestimmung und unserem Schicksal entsprechend zu leben. Der Erfahrungsspielraum unserer Freiheit wird dadurch erweitert und vertieft. So kommt es uns zugute, wenn wir empfänglich sind für das Geheimnisvolle in unserem Leben, das uns in besonderer Weise auch in unserem Schicksal und in unserer Bestimmung begegnet.

Verzichtet jener, der meint, er habe es nicht nötig, sensibel zu sein für das Geheimnisvolle, für das, was sein tiefstes Inneres ihm über sich, sein Schicksal, seine Bestimmung sagt, nicht auf etwas Kostbares, das sein Leben reich und erfüllt macht? Nimmt er damit nicht seinem Leben die Tiefe, das Geheimnisvolle? Menschen, die kein Gefühl haben für das Geheimnisvolle in ihrem Leben, laufen Gefahr, etwas zu leben, was sie gar nicht sind, einem Ziel nachzujagen, das gar nicht ihr Ziel ist. Sie laufen Gefahr, einem Verständnis von Freiheit aufzusitzen, das sie möglicherweise in die größte Unfreiheit führt, da sie möglicherweise etwas zu erreichen suchen, was gar nicht von ihrem Wesen her abgedeckt ist. Sie führen ein Leben außerhalb ihrer Bestimmung und ihres Schicksals. Sie nehmen sich nicht die Freiheit, ihr Schicksal zu ihrem Schicksal zu machen, der »Greifbarkeit unseres Seins, die all unsere Entscheidungen zu unseren Entscheidungen werden lässt« (Tillich 1956, 216).

Manchmal bedarf es der Hilfe geistlicher Begleiterinnen oder Psychotherapeuten, um sensibler zu werden für unser Schicksal, unsere Bestimmung, das Geheimnisvolle in unserem Leben. Sind wir empfänglich dafür, erkennen wir besser unsere Möglichkeiten, aber auch unsere Grenzen. Jene, die meinen, das Schicksal und das Geheimnisvolle übergehen und in ihrem Leben ausblenden zu können, bezichtigt Rollo May (vgl. 1981, 20) der Hybris. Sie übersehen die Grenzen, die uns Menschen gesetzt sind. Sie verfallen dem Irrtum, zu glauben, dass wir alles verändern können, dass es in unserem Leben nichts gibt, das festgelegt oder vorgegeben ist. Sie machen selbst vor dem Tod nicht halt, so, wenn sie versuchen, den Körper von Menschen, die eigentlich schon tot sind, mit aufwendigen Apparaten »lebendig« zu halten. Mit einer solchen Einstellung entheiligen sie aber das Leben (vgl. May 1981, 93).

Sich dem Schicksal zu überlassen erfordert eine Haltung, bei der ich im Bewusstsein, dass in mir und an mir eine höhere Macht waltet, mich verneige vor dem Geheimnisvollen, das sich darin birgt. Andere würden noch weitergehen und sagen DEM Geheimnisvollen, DER sich darin birgt und wirkt. Es ist eine Haltung, bei der ich in Freiheit, vielleicht der größten, die uns möglich ist – und nur uns Menschen möglich ist –, mich dieser höheren Macht und ihrem Wirken überlasse. Ich akzeptiere sie als die höhere Macht, kämpfe nicht gegen sie an – was ohnehin zum Scheitern verurteilt ist –, sondern überlasse mich ihr. Ich halte nicht länger an der Illusion fest, alles im Griff zu haben, mein Leben alleine planen und bestimmen zu können. Ich übergebe mich, mein Leben, dieser höheren Kraft, die größer und mächtiger ist als ich.

Es ist vergleichbar mit Situationen, in denen ich nicht mehr mit meinem vernünftigen Nachdenken, was jetzt richtig ist, weiterkomme und meiner Seele die Führung überlasse. Der Tiefenpsychologe C.G. Jung schrieb in solchen Situationen einen Brief an seine Anima, seine Seele und übertrug ihr die Verantwortung für sein Leben, im Vertrauen, dass sie mehr sieht als er, eher »weiß«, was jetzt wichtig ist anzugehen, sie das Ganze sieht und entsprechend handelt.

Die Freiheit, alles aufs Spiel zu setzen

Auch wenn ich mich dem Schicksal, Gott, überlasse, muss ich weiterhin die Verantwortung für mein Leben übernehmen, das Steuer auch bei stürmischer See in der Hand halten. Ich darf nicht aufgeben, kapitulieren. Und dennoch kapituliere ich – doch auf eine andere Weise. Ich kapituliere, indem ich mich in Freiheit, ohne Wenn und Aber, einer höheren Macht, der Fügung Gottes, überlasse. Ich kapituliere nicht vor den Umständen, dem Vorgegebenen. Das wäre Kapitulation, weil ich von außen dazu genötigt werde, weil mir gar nichts anderes mehr übrigbleibt. Ich kapituliere dann mit zusammengebissenen Zähnen.

Überlasse ich mich einer höheren Macht, Gott und seiner Fügung, bin ich entspannt, geht von mir eine fast gelassene Heiterkeit aus. Nehme ich mir doch in diesem Moment die Freiheit, alles aufs Spiel zu setzen. Ich lasse mich auf etwas ein, dessen Ausgang ich nicht kenne, jetzt auch nicht mehr kennen muss. Wenn ich mich in Freiheit Gottes Wirken und Willen überlasse, eröffnet sich mir die größte Freiheit, weil jetzt werden kann, was werden soll. Ich schaffe damit die Voraussetzungen, dass mit meinem Einverständnis, mit meinem Ja geschehen kann und geschieht, was geschehen soll. Das ist die grenzenlose Freiheit, von der Reinhard Mey träumt, wenn er in einem Lied singt: »Über den Wolken muss die Freiheit wohl grenzenlos sein.«

Der Mönch, geistliche Schriftsteller und Mystiker Thomas Merton (1996, 211) bringt es in einer seiner Tagebuchaufzeichnungen auf den Punkt, was das bedeutet, sich in Freiheit dem Schicksal, Gottes Willen zu überlassen. Er schreibt interessanterweise Bezug nehmend auf Gedanken von Romano Guardini über die Vorsehung: »Der Wille Gottes ist kein ›Schicksal‹, dem wir uns unterwerfen, sondern ein kreativer Akt in unserem Leben, bei dem wir etwas absolut Neues schaffen, etwas das bis dahin in den Gesetzen und eingeschliffenen Vorgängen nicht vorgesehen war. Unsere Kooperation besteht nicht nur darin, den Gesetzen zu entsprechen, sondern unseren Willen in diesem kreativen Akt zu entfalten, der durch den Willen Gottes in uns und durch uns herbeigeführt worden ist.«

Sich dem Schicksal zu überlassen wird damit zu einer sehr dynamischen Angelegenheit, bei der ich mich nicht einfach zurücklehnen kann, sondern ganz und gar gefordert bin. Es verlangt von mir die Entscheidung, ob ich mich dem Schicksal überlassen will oder nicht. Ich muss die Entscheidung dafür oder dagegen treffen und dann die Verantwortung für meine Entscheidung übernehmen. Ich leiste damit meinen Beitrag zur Verwirklichung meines Schicksals, das für mich dann nicht länger eine eigenartige Macht ist, »die entscheidet, was mit mir passiert«. Vielmehr bin ich es selbst, »so wie ich bin, wie ich von der Natur, der Geschichte und mir selbst geformt wurde. Mein Schicksal ist die Basis meiner Freiheit; meine Freiheit trägt dazu bei, mein Schicksal zu formen« (Tillich 1956, 216).

Auch für Romano Guardini (1948, 215) bin ich selbst mein Schicksal. Denn immerfort »bestimme ich das scheinbar objektiv an mich Herantretende mit, wähle aus den Möglichkeiten des Geschehens einzelne heraus, rufe und lenke sie. So ist das Schicksal das aus der Fremdheit der Welt über mich Kommende ... andererseits wieder das Verwandte, ja Eigene ... die Form, wie ich mich selbst verwirklichte.« Dazu kommt: Ich kann versuchen, das Schicksal zu beeinflussen, indem ich mich an die Instanz wende, an Gott, der größer ist als ich und der, so Dietrich Bonhoeffer (2008, 12), »kein zeitloses Fatum« ist, sondern »auf aufrichtige Gebete und verantwortliche Taten wartet und antwortet«.

Sosehr es also wichtig ist, unser Leben in die Hand zu nehmen, uns selbst immer wieder auch als den Kapitän unseres Lebens zu sehen und entsprechend zu handeln: diese Einstellung und dieses Verhalten sollten mit einem großen Respekt gegenüber unserem Schicksal und dem Geheimnisvollen, das es umfängt, einhergehen. Es ist eine Haltung, die gekennzeichnet ist von einer Hochachtung gegenüber einer höheren Macht, die in mir und an mir waltet. Bei einer solchen Haltung verneige ich mich vor dem Geheimnisvollen, das sich in meinem Schicksal verbirgt, und überlasse mich seinem Wirken. Ich tue das in Freiheit, vielleicht der größten, die uns Menschen – und nur uns Menschen – möglich ist.

Wenn meine Freiheit in meinem Schicksal aufgeht

Mancher mag sagen, das kann es doch nicht sein: Die größte Freiheit erfahre ich, wenn ich mich dem Schicksal, Gott, überlasse. Das ist doch gerade das Gegenteil von Freiheit! So könnte man denken. Doch: Wenn meine Freiheit aufgeht in meinem Schicksal, in meiner Bestimmung, findet meine Freiheit ihre Voll-Endung. Ich habe die Freiheit, mich auch anders zu entscheiden. Ich kann mir die Freiheit dafür nehmen. Das ist mein gutes Recht und das steht jedem frei. Wenn ich mir aber die Freiheit nehme, mich dem Schicksal, Gott, zu überlassen, nehme ich für mich die Freiheit in

Anspruch, die mir den Zugang zu allem, was mir und für mich möglich ist, eröffnet. Ich spreche mein »Ja« zu dem, was ich bin und was ich werden soll, damit wird, was werden soll und werden kann, ich werde, wer ich sein soll und jetzt auch sein will.

»Wer sich einmal dem Schicksal überlassen hat, der ist befreit«, sagt Hermann Hesse. Das ist ein ehrfurchtsvoller und radikaler Vorgang zugleich, den ich kaum richtig erfassen und verstehen kann. Was da geschieht, berührt mich in meiner Tiefe. In dem Augenblick, in dem ich mich meinem Schicksal, Gott, überlasse, komme ich mir selbst näher. Ich beginne, das Tiefere in mir zu erahnen, werde sensibler für das Geheimnisvolle in mir selbst, für mein Schicksal und meine Bestimmung. Ich verspüre das Verlangen, noch mehr mit meiner Bestimmung in Berührung zu kommen, mehr von meinem Schicksal zu »wissen«, auch um meinen Beitrag dafür zu leisten, dass sie in meinem Leben und meinen Lebensentscheidungen zur Entfaltung kommen. Dabei erlebe ich mich nicht nur als Vollzugsorgan meines Schicksals. Ich selbst bin mein Schicksal, »so wie ich bin, wie ich von der Natur, der Geschichte und mir selbst geformt wurde« (Tillich 1956, 216).

Wer sich dafür entscheidet, sich seinem Schicksal, seiner Bestimmung, zu überlassen, bei dem und an dem vollzieht sich in diesem Augenblick ein Befreiungsschlag, bei dem er die Erfahrung machen darf, endlich frei zu sein von überzogenen Ängsten und Sorgen, von endlosem Grübeln darüber, was ich hätte tun sollen, was ich noch alles tun und leisten muss. Er vergeudet nicht länger seine Kraft im Kampf gegen etwas, was er ohnehin nicht verhindern kann. Er überlässt sich ganz und gar dem Schicksal, seiner Bestimmung, um jetzt nicht die Hände in den Schoß zu legen, sondern, umfangen und umfasst von seinem Schicksal, seiner Bestimmung, den Raum der Freiheit, der sich ihm dabei eröffnet, zu nutzen und kreativ zu gestalten.

Bis ich so weit bin, muss ich einen langen und schweren Weg gehen. Ich kenne die Zweifel, mich einfach dem Schicksal, mich einer größeren Macht, Gott auszuliefern. Kann ich wirklich darauf vertrauen, dass sie mehr sehen und ahnen als ich? Mache ich mir da nichts vor? Mache ich es mir da auch nicht zu einfach? Wie, wenn es das alles gar nicht gibt: das Schicksal als Kraft, die auf mich einwirkt, eine höhere Macht, Gott, der um mich weiß und mit mir etwas vorhat? Manchmal habe ich überhaupt keine Zweifel, dass das so ist. Dann wieder beschleichen mich solche Zweifel, bin ich mir nicht so sicher.

Mich spricht an, was Friedrich Nietzsche (2008, 30 f.) denen provozierend entgegenhält, die sich allzu sicher in ihrem Glauben wähnen. So schreibt er:

»Diese ernsten, tüchtigen, rechtlichen, tief empfindenden Menschen, welche jetzt noch von Herzen Christen sind: Sie sind es sich schuldig, einmal auf längere Zeit versuchsweise ohne Christentum zu leben, sie sind es *ihrem Glauben* schuldig, einmal auf diese Art einen Aufenthalt in der Wüste zu nehmen – nur damit sie das Recht erwerben, in der Frage, ob das Christentum nötig sei, mitzureden. Einstweilen kleben sie an ihrer Scholle und lästern von da aus die Welt jenseits der Scholle: Ja, sie sind böse und erbittert, wenn jemand zu verstehen gibt, dass jenseits der Scholle eben noch die ganze, ganze Welt liegt! Dass das Christentum, alles in allem, eben nur ein Winkel ist! Nein, euer Zeugnis wiegt nicht eher etwas, als bis ihr jahrelang ohne Christentum gelebt habt, mit einer ehrlichen Inbrunst danach, es im Gegenteile des Christentums auszuhalten: bis ihr weit, weit von ihm fortgewandert seid. Nicht wenn das Heimweh euch zurücktreibt, sondern das Urteil aufgrund einer strengen Vergleichung, so hat euer Heimkehren etwas zu bedeuten.«

Das ist eine große Provokation, die so radikal umzusetzen, viele und auch mich überfordern würde. Und dennoch scheint mir wichtig zu sein, sich davon provozieren zu lassen, also nicht wie selbstverständlich davon auszugehen, auf der richtigen Seite zu stehen, oder auf jene, die mit dem Christentum oder einem Glauben an eine höhere Macht, an Gott, nichts anfangen können, herabschauen zu müssen. Für mich ist es wichtig, Zweifel zuzulassen oder auch zwischen Gott, Christentum und Kirche beziehungsweise Kirchenzugehörigkeit unterscheiden zu können.

Ich kenne Zeiten, in denen ich vergesse oder nicht mehr spüre, dass Gott da ist und seine Hand über mich hält. Mache ich aber die Erfahrung, dass es Gott gibt, er um mich weiß und in mein Leben hineinwirkt, lasse ich diese mich zutiefst beglückende Erfahrung zu, nehme sie ernst und dankbar an. Ruhe und Gelassenheit breiten sich dann in mir aus. Ich fühle mich befreit, überlasse mich erneut bewusst Gott, im Vertrauen darauf, dass es gut ist, so wie es ist. Meine Stimmung und Erfahrung spiegelt sich dann sehr gut wider in folgenden Worten von Etty Hillesum (2010):

»Du hast mich so reich gemacht, mein Gott, lasse mich auch mit vollen Händen davon austeilen. Mein Leben ist zu einem ununterbrochenen Zwiegespräch mit dir, meinem Gott, geworden, zu einem einzigen, großen Zwiegespräch. Wenn ich in einer Ecke des Lagers stehe, die Füße auf deiner Erde, das Gesicht zu deinem Himmel erhoben, dann laufen mir manchmal die Tränen über das Gesicht, entsprungen aus einer inneren Bewegtheit und Dankbarkeit, die nach einem Ausweg sucht. Auch abends, wenn ich im Bett liege und in dir ruhe, mein Gott, rinnen mir manchmal die Tränen der Dankbarkeit übers Gesicht, und das ist mein Gebet.«

Wenn der fleischgewordene Gott in mein Innerstes eintritt

Bei einer solchen Haltung öffne ich Gott die Tür, lasse ich IHN hereinkommen. Dann tritt bei mir nicht nur ein erdachter, theoretischer, allgemeiner Gott ein, dann gestatte ich nicht nur dem Universum Einlass in mir, fühle ich mich nicht nur verbunden mit dem Grenzenlosen. Dann ist auch Schicksal für mich nicht ein »Es«, dessen Macht ich preisgegeben bin, die »im Letzten weder Gerechtigkeit noch Weisheit, weder Ehrfurcht noch Güte kennt; auf deren Grund Kälte, Gleichgültigkeit, Sinnlosigkeit, ja das Böse selbst zu liegen scheinen« (Guardini 1948, 239). Jetzt tritt der fleischgewordene Gott in mein Innerstes ein, der fühlt, der sich wie kein anderer bewegen lässt von der Liebe zu seiner Schöpfung und seinen Geschöpfen, zu mir. Es ist er selbst, der in meinem Herzen aus Fleisch liebt, leidet, mitfühlt. Durch seine Liebe zu mir fällt alles Unpersönliche ab, trifft ihn, was mich trifft. Denn: »Die Liebe macht, dass das Ergehen des Geliebten für den Liebenden selbst Schicksal wird« (Guardini 1948, 316). Jetzt kann und will ich nur noch stammeln: »Nicht mein, sondern dein Wille geschehe« und: »In deine Hände befehle ich meinen Geist« (Lk 22,42; 23,46).

Das »Numinose des Schicksals, welches dem Menschen als undurchdringliches Geheimnis gegenübersteht, ihn trägt und beglückt, oder beunruhigt und bedroht, oder zwingt und zermalmt, oder mit dämonischem Grauen überkommt, und an allem Heil verzweifeln macht« (Guardini 1948, 254 f.), wird verwandelt in Einvernehmen mit Dem, für den mein Schicksal zu seinem Schicksal geworden ist und von dem ich nicht nur weiß, sondern es erfahren habe, dass »Er liebt. Nein, dass er liebend ist. Noch einmal mehr: dass Er ›die Liebe‹ ist« (Guardini 1948, 317).

So gibt es, wie Karl Rahner (2013, 237) schreibt, einen guten

Amor Fati, was er mit »Liebe zum zugesagten Wort« übersetzt und versteht als Liebe zum fatum, das unser Schicksal ist. »Nur *diese* Liebe zum Notwendigen befreit unsere Freiheit. Dieses Fatum ist im Letzten das Wort Gottes.«

Da muss man erst einmal innehalten, um dies auf sich wirken zu lassen und verstehen zu können. Um schließlich das Schicksal, das, so Karl Rahner, das Wort Gottes ist, aber die Liebe ist zu umarmen.

Deinen Willen zu tun, mein Gott,
macht mir Freude,
deine Weisung trag ich im Herzen.

PSALM 40

BESTIMMUNG UND BERUFUNG

Der göttlichen Stimme in uns folgen

Das griechische Wort *daimon* kann übersetzt werden mit Gott, göttliches Wesen, Dämon, Schutzgottheit, Teufel, Schicksal, Unglück, Verderben. Damit wird die ganze Palette dessen angesprochen, was Schicksal meinen kann und auf das ich in den voraus gegangenen Zeilen von unterschiedlichen Blickwinkeln her eingegangen bin. Für Thomas Moore (2008, 121 ff.) steht der Begriff daimon, auch jetzt spirituell formuliert, für den göttlichen Funken in uns, der uns sagt, wo es in unserem Leben und dann auch in unserem Beruf langgeht bzw. langgehen sollte. Es handelt sich dabei um eine Kraft, ein Drängen, das uns eine bestimmte Richtung weist. Sokrates spricht von einer Stimme, die sich bemerkbar macht und die, folge ich ihr, sich als eine Weisheit erweist.

Diese Stimme ist nicht immer klar, sagt mir nicht, du sollst dies oder jenes werden. Vielmehr drängt sie mich auf eine grundsätzliche Weise in die Richtung, die wesentlich mit mir zu tun hat. Sie warnt mich, wenn ich in die falsche Richtung gehe. Sie verlangt meinerseits eine große Sensibilität, ein Vertrauen auf meine Intuition, will ich sie hören und verstehen. Manchmal macht sie sich auf eruptive Weise bemerkbar, dringt massiv in mein Leben ein oder macht sich laut in einem Traum bemerkbar (Moore 2008, 122).

Dieser Impuls, Drang in dir will, dass du dein Leben und deinen Lebensstil von dem, wohin es dich im Tiefsten drängt, beeinflussen und mit gestalten lässt, dein Leben entscheidend davon geprägt ist. Bei dem einen kann das heißen, sein Interesse für das Schöne, die Kunst, die Musik in seinem privaten und, wo möglich, auch in seinem beruflichen Leben zuzulassen und zu verwirklichen. Bei einem anderen kann das bedeuten, seinem Hang zur Spiritualität, den ganzen Bereich, in dem es um Gesundheit und Heilung oder soziales Engagement geht, nachzukommen und nach Möglichkeiten zu schauen, wie er dieses Verlangen in sich umsetzen kann.

Bei dieser Kraft, diesem Verlangen in uns handelt es sich nicht lediglich um eine Idee. Es ist vielmehr eine Kraft, die danach drängt, und das mitunter gebieterisch, dass sie zum Ausdruck gebracht wird. Sie lässt uns keine Ruhe bis wir ihr freie Bahn lassen. Hinter diesem Verlangen steht also eine große Kraft, der es darum geht, uns dahin zu bringen, wo sie uns haben möchte. Dabei kümmert sich diese Kraft zunächst wenig um Konventionen, Absicherungen, wirtschaftliche Sicherheiten oder auch die gesellschaftlichen und wirtschaftlichen Gegebenheiten.

Diese Kraft, die Gottheit, das Schicksal, Gott – um die vielen Bedeutungen, die in dem Begriff *daimon* stecken, nochmals in Erinnerung zu rufen – geben nicht so schnell auf. Sie verlangen von dir, dich auch auf ungesicherte Wege einzulassen. Sie werden dadurch auch für dich zu einer Quelle deiner Kreativität, die dich befähigt, Wege zu finden, um das, worum es dir im Letzten geht, in deinem Leben, in deiner Arbeit umsetzen zu können.

Wir können dieser Kraft einen Spielraum in unserem Leben einräumen, in dem sie sich entfalten kann, oder sie von vornherein in Schach halten. Je mehr wir Formen und Weisen gefunden haben in unserem privaten und beruflichen Leben, ihr Gelegenheit zu geben, sich zu verwirklichen, wird sie sich entfalten und damit zu unserer Entfaltung beitragen. Lassen wir diese Kraft unbeachtet, unterdrücken wir sie, tragen wir zu einer Verarmung unseres Lebens bei, beschneiden wir uns, fehlt uns etwas, bleibt eine Seite in uns ungelebt. Wir spüren dann eine Unerfülltheit, gar Unzufriedenheit, merken, dass uns etwas fehlt. Wir merken, dass unser Leben, unser Lebensentwurf zu kleinkariert, zu eng ausgefallen ist, wir hinter dem zurückbleiben, was wir eigentlich leben wollen.

Im Idealfall können wir das, wohin diese Kraft uns drängt, in unserem Beruf verwirklichen. Dann kann der Beruf, den ich ergreife, für den ich mich entschieden habe, die Konkretisierung der mir zugedachten Bestimmung sein. Manchmal bleibt uns aber gar nichts anderes übrig, als uns für einen Beruf zu entscheiden, der nicht unserem innersten Verlangen entspricht, weil uns der Zugang zu dem Beruf, den wir eigentlich ausüben wollen, verwehrt wird. Wenn das nicht möglich ist, ist es wichtig, außerhalb unsrer Arbeit, in unsrer Freizeit oder in einem ehrenamtlichen Engagement diesem Drang gerecht zu werden. Das aber verlangt den Einsatz unserer Kreativität. Sie hält uns in Bewegung, lässt sich nicht von Vorgegebenem einsperren.

Berufung ist ein lebenslanges Unterfangen

Dieser *daimon*, diese göttliche Stimme in uns, spielt also eine große Bedeutung, wenn es darum geht, herauszufinden, wer wir sind und was wir wollen. Sie unterstützt uns bei den Suchbewegungen, die uns eine Klarheit darüber verschaffen sollen, wie wir unser Leben gestalten, wir unser Leben zu unserem Leben machen, es mit Sinn füllen können. Diese göttliche Stimme meldet sich auch in unsrer Berufung als eine tiefe Ahnung, manchmal auch eine Gewissheit darüber, wer ich bin und was ich soll, wobei meine Gefühle, meine Wünsche, mein Lebenstraum und Wesen, mein Selbst, aber auch meine Bestimmung mit beteiligt sind. Ich bin gut beraten, darauf zu hören und, so gut es geht, dieser Berufung gerecht zu werden. Dabei darf ich aber nicht vergessen, dass das ein lebenslanges Unterfangen ist, das immer wieder Veränderungen, Nachsteuern von mir verlangt, und ich vielleicht – erst am Ende meines Lebens erkennen kann, ob ich meiner Berufung, auch als Ausdruck meiner Bestimmung, nachgekommen bin. Folgendes Beispiel von Thomas Moore über einen Priester verdeutlicht das:

Ein Priester, über 70 Jahre alt, hatte am Ende seines Lebens den Eindruck, dass er, obwohl er 50 Jahre lang als Priester tätig war, seiner Berufung nicht nachgekommen ist. Er bedauerte, dass er sein Leben für etwas verwendet hatte, für das er sich nicht berufen fühlte, und fühlte sich darüber verbittert und traurig. In den Beratungsstunden brachte er Zeichnungen seiner Träume mit, auf denen auffallende, farbenprächtige Bilder auftauchten. Obwohl er Bitterkeit fühlte, Bedauern und Depression, stieß er die Leute nicht ab, mit denen er arbeitete, im Gegenteil, die Leute fühlten sich angezogen von ihm und liebten ihn. Zunehmend gewann man den Eindruck, dass er, obwohl er sehr spät in seinem Leben realisierte, dass er nicht ganz das gelebt hatte, was er eigentlich leben wollte, gute Arbeit getan hatte und jetzt dabei war, einer neuen Berufung zu folgen, die ihm Befriedigung verschaffte. Er sprach ständig über seine Depression. Zur gleichen Zeit fand er aber auch eine neue Vitalität.

Ich möchte nicht ausschließen, dass dieser Priester tatsächlich eine Berufung zum Priestertum hatte und diese Berufung auch gut ausführte. Aber er kam an den Punkt, an dem er die Welt schmeckte, die er für seine Gelübde aufgegeben hatte, und er jetzt unbedingt ein neues Leben wollte. Es war eine traurige Situation, obwohl seine Traurigkeit ihn nur menschlicher machte und ihn mehr verband mit den Menschen um ihn herum. Seine Freude und sein Sinn für Humor waren beeinträchtigt durch die Depression. Aber sie waren da. Da war ein Mann, hin- und hergerissen zwischen zwei Berufungen, die eine überschattet von Bedauern, die andere anscheinend unmöglich erreichbar aufgrund seines Alters. Immerhin fühlte er so. Schließlich trat sein Optimismus in den Vordergrund und ohne das depressive Element zu verlieren, war er nun in der Lage, das zu sein, was für ihn eine neue Art von Priestersein bedeutete. Jetzt war er noch sensibler für die Probleme der Menschen geworden und mehr bereichert durch Beratungskompetenz und Kunsttherapie, gestaltete er sein Leben bewusster.

Es gibt nicht nur die eine Berufung

Wenn wir an Berufung denken, dann können wir, um einen Vergleich von Thomas Moore aufzugreifen, uns einen Fasan mit vielen bunten Federn vorstellen. Alle die Federn gehören zu ihm und machen ihn aus. Sie lassen sich nicht voneinander trennen, stehen in einer Verbindung zueinander. Das aber heißt, was am Ende unserer Berufung als Lebenswerk entstanden ist, lässt sich nicht auf die eine klar sich herauskristallisierte Berufung beschränken, sondern ist vielseitig, setzt sich aus vielen, oft unterschiedlichen, Facetten zusammen. Es ist nicht der Priester, der Revolutionär, der Familienvater. Das alles kann es auch sein. Doch ist es noch mehr, vielschichtiger, vielseitiger, geheimnisvoller.

Wir gehen unseren Weg, gehen unserer Berufung nach. Das mag für den einen heißen, dass er dabei in dem einst gewählten Rahmen bleibt, den er ggf. immer wieder auch neu ausrichten und füllen muss. Für einen anderen kann das bedeuten, dass er den alten Rahmen verlassen, sprengen muss – auch weil er seiner Berufung treu bleiben will. Entscheidend ist, dass wir in Bewegung bleiben, uns immer wieder herausfordern lassen. So, wenn wir von einer Lebensphase in die andere gleiten, manchmal schweren Herzens mehr straucheln als gehen. Im Wissen und Vertrauen, dass es unser Herz und unsere Seele sind, die uns rufen – Be-rufung –, um uns auf Neues einzulassen, und wir, während wir das tun, verwandelt werden.

Das aber geht nicht einfach ohne Probleme vonstatten. Da gibt es schwierige Phasen, stellen sich Krisen ein. Leonard Bernstein komponierte eine Oper mit dem Titel *The Mass*. Darin erscheint ein Priester, der in einem zeitgenössischen Setting die Messe liest. Er lässt sich von den Leuten um ihn herum anziehen und hochheben ins Zentrum tragen wie eine Respektsperson und verehrungswürdige königliche Person. Plötzlich strauchelt er, fällt um. Dabei zerbrechen der Kelch und die Schale in tausend Scherben. In der nächsten Szene taucht der gleiche Priester auf, jetzt bekleidet in Jeans. Er läuft durch den Scherbenhaufen des zerbrochenen Glases und sagt: »Ich wusste bisher nicht, wie hell das Licht war, bis ich es hier in diesem zerbrochenen Glas entdeckte.« Was ihn erleuchtete, war bisher nicht gelüftet worden. Er entdeckte seine wahre Identität im zerbrochenen Glas und in dem zerschmetterten Bild seiner selbst. Es geht darum, das Licht der Wahrheit in den zerbrochenen Teilen unseres individuellen Lebens zu entdecken (vgl. Nouwen 2009, 122).

Wir gleiten von einer Stufe zur andern, wie das Hermann Hesse so treffend und eindrücklich in seinem Gedicht über die Stufen beschreibt. In diesem Prozess unterliegt auch unsere Berufung einer Verwandlung, der wir uns nicht entziehen sollten, wollen wir in unserem Leben dieser unserer Berufung weiterhin gerecht werden. Sie muss diesen Reifungsprozess bestehen, will sie sich und soll sie sich als unsere Berufung erweisen. Tut sie das nicht, mag sich herausstellen, dass wir nicht oder nur einen Teil unserer Berufung gelebt haben und wir an dieser Stelle in unserem Leben eine Korrektur vornehmen müssen.

In Bewegung bleiben

Auch wenn wir eine Lebensentscheidung getroffen haben, dürfen wir nicht vergessen, dass unser Weg noch nicht zu Ende ist und wir noch mit vielen Überraschungen rechnen dürfen oder auch rechnen müssen. Es kann nicht darum gehen, einfach statisch einen einmal begonnenen Weg zu verfolgen, sondern wach zu bleiben, um gegebenenfalls auf dem eingeschlagenen Weg Neues zuzulassen oder auch einen neuen Weg zu wählen. Entscheidend ist, dass wir beweglich bleiben. Wir müssen weiterhin unsere Aufmerksamkeit den Zeichen schenken, die uns darauf hinweisen, dass wir vielleicht etwas ändern müssen, wir in den Fluss des Lebens zurückgleiten müssen, um Erfüllung und Zufriedenheit zu finden.

So ist es manchmal wichtig, so Thomas Moore, zu schauen, welche äußeren Umstände mich an meiner Berufung zweifeln lassen, mich veranlassen, über meine Berufung nachzudenken. Oder wenn ich merke, etwas gelingt mir nicht, nicht von vorneherein davon auszugehen, dass es an meiner Unfähigkeit liegt, sondern mir sagen will, dass das, was ich tue, nicht das ist, was ich eigentlich tun sollte. Dann gilt es, bei mir einzukehren, nach innen zu schauen und sich zu fragen, was ich wirklich will, was mich anzieht, was mir Freude und Zufriedenheit bereitet. Hier geht es darum, den Regungen meiner Seele zu lauschen und dann auch zu folgen. Das lässt mich lebendig bleiben, fordert mich heraus, mein Leben nicht als fertig und abgeschlossen zu betrachten, sondern als etwas zu sehen, das sich bis zum Schluss im Prozess befindet.

Dann geht es uns wie Mahud in der folgenden Geschichte, den, so Thomas Moore (2008, 12 f.), bei seiner Arbeit nicht ein besonderes Talent auszeichnete, sondern seine Offenheit, dem Ruf seiner Berufung und Bestimmung zu folgen, und der auf diese Weise sein Leben und sein Lebenswerk verwirklichte und heiligte, ganz im Sinne von Thomas Merton, der meint: »Heiligkeit bedeutet, der zu werden, der zu werden ich berufen und bestimmt bin.«

Mahud war ein einfacher Mann, der in einem kleinen Dorf wohnte und seinen Lebensunterhalt verdiente, indem er auf einem geschäftigen Marktplatz sein Gemüse verkaufte. Ihm genügte das und er liebte seine Arbeit. Doch eines Tages erschien der Engel Khabir und forderte ihn auf, in den Fluss zu springen. Ohne darüber nachzudenken, tat er es. Er wurde von der Welle davongetragen, bis ein Mann am Ufer ihm ein Seil zuwarf und ihn herauszog. Dieser Mann bot Mahud einen Job an in seinem Fischgeschäft und einen kleinen Raum, wo er leben konnte. Mahud wusste das freundliche Verhalten dieses Mannes zu schätzen, nahm den Job an und arbeitete dort ziemlich glücklich für die nächsten drei Jahre. Dann erschien der Engel Khabir ihm wieder und forderte ihn auf, weiterzuziehen. Mahud reiste sofort ab und ging von Dorf zu Dorf, bis ein Mann ihm eine Arbeit in einer Fabrik anbot. Das war neu für Mahud, aber er nahm die Arbeit an, erlernte das Gewerbe und arbeitete dort für einige Zeit. Er war ganz zufrieden mit seiner Arbeit, bis eines Tages der Engel wieder erschien und ihn aufforderte weiterzuziehen. Auf diese Weise arbeitete Mahud in den nächsten Jahren an ganz unterschiedlichen Stätten, wobei er immer dort hinging, wo der Engel ihm auftrug, hinzugehen. Als Mahud ein alter Mann war, hatte er die Reputation eines heiligen Mannes erreicht. Die Menschen kamen zu ihm mit ihren Krankheiten und Klagen und baten ihn, sie zu heilen und zu begleiten. Eines Tages kam ein Besucher zu ihm und fragte: »Mahud, wie bist du dahin gekommen, wo du bist?« Mahud dachte für einen Moment nach und sagte dann: »Das ist schwer zu sagen.«

Es ist schwer zu sagen, wie er dahin gekommen ist, da Mahuds einziges Talent darin bestand, offen und bereit dafür zu sein, den Anweisungen des Engels zu folgen, dessen Namen bedeutet »Der, der immer wach und aufmerksam zuhört«. Mahud hatte die kostbare Fähigkeit, den Ruf zu erkennen, weiterzuziehen und dem Herzen zu folgen.

Für Thomas Moore ist das eine Geschichte über Berufung und den Gehorsam gegenüber der Berufung. Gehorsam versteht er dabei als von der Wurzel her hören, zuhören. Thomas Moore weiß, wovon er spricht. Er wuchs in einem katholischen Knabenseminar auf und lebte für viele Jahre in einer Klostergemeinschaft. Er berichtet davon, wie er in dieser Zeit durch die Beschäftigung mit Spiritualität und das Studium der Theologie, Philosophie und der Bibel bestens für das Priestertum vorbereitet wurde. Als er aber als angehender Priester seine ersten Erfahrungen in der Seelsorge machte und dabei auch predigen musste, war er geschockt über den großen Unterschied, den er zwischen seinen persönlichen, theologischen und spirituellen Vorstellungen und Überzeugungen feststellte und den sehr traditionellen Vorstellungen der Menschen, für die er predigte. Das führte dazu, dass er begann erneut über seine Berufung nachzudenken und schließlich den Orden zu verlassen.

Von Berufung spricht für mich Romano Guardini (1995, 20) und ich höre ihn dabei zugleich von Bestimmung reden, wenn er, inspiriert durch einen Traum, meint, dass jedem Menschen, wenn er geboren wird, ein Wort in sein Wesen hineingesprochen wird, das wie ein Passwort zu allem ist, was dann geschieht. Er schreibt:

»Alles, was dann im Gange der Jahre geschieht, ist Auslegung dieses Wortes, ist Erläuterung und Erfüllung. Und es kommt alles darauf an, dass der, dem es zugesprochen wird – jeder Mensch, denn jedem wird eines zugesprochen –, es versteht und mit ihm ins Einvernehmen kommt.«

Ich erinnere mich lebhaft an diese Phase in meinem Leben, als ich vor der Frage stand, welchen Beruf ich ergreifen sollte. Über viele Jahre schien mir das klar zu sein. Ich wollte Priester werden. Mein Umfeld, mein Vater, meine Mutter, unterstützten mich bei diesem Vorhaben, heute würde ich sagen, beeinflussten mich auch stark bei diesem Berufswunsch. Doch je näher ich an den Punkt gelangte, wo es jetzt darum ging, konkrete Schritte in diese Richtung zu unternehmen, machten sich Zweifel bei mir breit. Dazu kam, dass ich mich das erste Mal in meinem Leben so richtig in eine Studienkollegin verliebte, die aber schon in einer festen Beziehung mit einem anderen Mann lebte und meine Liebe nicht erwidern konnte.

Damals ging es mir über viele Monate richtig schlecht. Ich fiel in eine Depression, bis ich mich zu der Entscheidung durchrang, dann doch kein Priester zu werden. Ich hatte zu diesem Zeitpunkt schon parallel zum Studium der Theologie Psychologie studiert, wie wenn eine tiefere Seite in mir schon längst gewusst hätte, dass der Beruf des Priesters nicht meiner Berufung, meiner Bestimmung entsprach. So war der *Weg* doch schon geebnet für den *Weg*, der mich, so würde ich heute ohne Einschränkung sagen, zu meiner eigentlichen Berufung, dem Beruf des Psychotherapeuten, führte.

Ich habe im Verlauf dieses Prozesses immer deutlicher zu dem gefunden, was mir zugedacht war, zu dem, was noch einmal etwas anderes und mehr war als das, was ich dachte, dass es mir zugedacht war. Ich wollte es zunächst nicht wahrhaben, zu sehr hatte ich mich an das gewöhnt, von dem ich dachte, dass es mein Weg sei, was mir auch von meiner näheren und weiteren Umwelt so suggeriert wurde. Meine Depression, in der sich meine Seele unerbittlich zu Wort meldete, ließ mir aber letztlich keine andere Wahl, als den Weg einzuschlagen, der mich näher an meine Wahrheit, meine Einzigartigkeit, damit aber auch meine Heiligkeit, brachte.

Was ich in dieser Phase im Prozess meiner Menschwerdung erfahren durfte, manchmal auch erfahren musste, war vergleichbar mit dem, was Thomas Moore (2008, 170) mit dem Hinweis auf die Alchemie beschreibt. Was ich aus meinem Leben, dem mir vorgegebenen »Material«, schaffen und vollbringen wollte, kochte manchmal mit großer Hitze, dann wieder nur auf niedriger Temperatur über Tage, Wochen, Monate, ja Jahre vor sich hin. Wie es der Alchemist tut, stellte ich mir vor, wie immer wieder eine weiße Taube in mein »Material« hineinfliegt und dabei Visionen, Werte, Mitgefühl und spirituelles Verstehen und Sehnen mit sich bringt und mit der Zeit mein »Rohmaterial« verfeinert, zu seinem Wachstum beiträgt und es schließlich vollendet.

Die Unsicherheit und die Verwirrung, die am Anfang vorherrschten, gingen über in Sicherheit, Klarheit und Ordnung, die Unwissenheit und Zweifel wichen der Gewissheit und einem tieferen Verständnis. Was vorher Rohmaterial war, wurde Wirklichkeit, die unfertige Masse nahm schöne Formen an. Aus dem, was vorher nur wie Schleim und Nebel erschien, tauchte eine Gestalt auf.

So geht es uns, wenn wir den Weg wagen, der für uns vorgesehen ist, der mit uns etwas macht, bei dem wir immer mehr zu dem werden, der wir werden und sein sollen, bei dem wir aber offen dafür sein müssen, dass etwas mit uns gemacht wird, wir geformt und gestaltet werden, unser Rohmaterial zu dem gemacht wird, was uns zugedacht ist.

Heiligkeit bedeutet, der zu werden, der du werden sollst

Das gilt in besonderer Weise für die Phase in unserem Leben, in der wir für uns herausfinden wollen und müssen, wer wir sind und was wir wollen. Manchmal sind wir so erzogen worden, dass bei unseren Überlegungen, wer wir sind und was wir wollen, alles auf Sparflamme gehalten wird. Nur nicht zu viel erwarten, nur nicht sich zu wichtig nehmen. Oder es ist uns beigebracht worden, bescheiden zu bleiben, auf Nummer sicher zu gehen usw. Dann gibt es natürlich auch die andere Seite, wenn Eltern etwas in uns hineinfantasieren, was wir nicht sind, etwa das Wunderkind, der große Schauspieler, der von Gott Erwählte. Dann gilt es, bei sich zu bleiben, nach innen zu gehen, den Regungen unseres Herzens und unserer Seele zu lauschen und sich dabei von der Zusage »Du hast mehr Möglichkeiten, als du ahnst, ganz zu schweigen von den ungeahnten Möglichkeiten Gottes mit dir« beseelen zu lassen.

Jetzt geht es darum, wacher und sensibel zu werden für meine Bestimmung, ein Gefühl, eine Art Gewissheit davon zu bekommen, wer ich bin und wozu ich da bin, was, so würde es der Tiefenpsychologe C.G. Jung formulieren, mein Mythos ist. Ist doch das Ziel meiner Bestimmung, immer mehr der zu werden, der zu werden ich berufen und bestimmt bin. Durch sie und in ihr kommt eine geheimnisvolle Kraft zum Ausdruck, die auf unser Leben so einwirkt, dass es entsprechend dem uns zugedachten Plan wirklich unser Leben wird und in dem Sinne zu unserer Heiligung beiträgt, denn, so Thomas Merton: »Heiligkeit bedeutet, der zu werden, der zu werden du berufen und bestimmt bist. Wer nicht er selber wird, hat nicht gelebt.«

Dabei bleibt mein Leben und das, was ich daraus mache, ein Geheimnis, das im Letzten gar nicht gelüftet werden kann und auch nicht gelüftet werden muss, dem ich aber mit Respekt und Ehrfurcht begegne. Entscheidend ist, dass in unserem Lebenswerk unsere Identität, in ihm meine Einzigartigkeit zum Ausdruck kommt, zu der auch die Teile von mir gehören, die undurchschaubar, geheimnisvoll sind und bleiben, und ich selbst tief in mir das Gefühl habe: Ja, das bin ich, darin zeigt sich Wesentliches von mir. In dieser Einzigartigkeit zeigt sich meine Heiligkeit, ganz im Sinne von Thomas Merton, der meint: »Heiligkeit bedeutet, der zu werden, der zu werden ich berufen und bestimmt bin.«

Wenn ich auf mein Leben zurückschaue, meine ich, im Wesentlichen der Spur gefolgt zu sein, die ich in mir immer deutlicher als meine Lebensspur, als meine Bestimmung erkannte, oft nach Irrungen und Unsicherheiten. Da ist der Ehemann und der Vater. Dann gibt es den Psychotherapeuten mit einem starken spirituellen Hintergrund. Im Psychotherapeuten kann ich auch meine priesterliche Seite erkennen. So verstehe ich mich als Psychotherapeut auch als Diener im Dienst des Heiligen, der den Menschen etwas von Gottes Liebe, Güte und Menschenfreundlichkeit vermitteln will. Darin erkenne ich meinen Mythos, um einen Begriff von C.G. Jung zu gebrauchen. Darin erkenne ich meine Bestimmung und, wenn man so will, auch mein Schicksal.

Ich betrachte es als ein großes Glück, dass ich einen Beruf wählen konnte, in dem mein Mythos zum Ausdruck kommen kann.

Ich verbringe viele Stunden am Tag damit, Menschen zuzuhören, ihnen seelisch nahe zu sein. Da ist der Mann, dessen Beziehung gerade zu Ende gegangen ist. Er denkt, sein Leben sei gescheitert, bis er merkt, dass er sein Leben an seine Partnerin abgegeben hat und es jetzt darauf ankommt, dass er es selbst lebt. Oder ich denke an den Mann, der in tiefster Verzweiflung, dem Selbstmord ganz nahe, allen Mut aufbringt, bei mir anzurufen, mir seine Schuld und Not bekennt, während ich ihm zuhöre und in sein Schluchzen hinein tröstende Worte spreche. Am Ende unseres Gespräches, als es klar ist, dass es für ihn weitergeht, beten wir miteinander ein Vaterunser. Ich mache die Erfahrung, für andere eine Hilfe zu sein, spüre zugleich aber auch in all der Anstrengung und bei allem inneren Aufgewühltsein eine große Zufriedenheit und Dankbarkeit über meine Arbeit und meinen Dienst.

Unser Verlangen und Streben, die zu werden und die zu sein, die zu werden und zu sein wir berufen und bestimmt sind, sollte uns ein Leben lang begleiten. Dabei müssen wir davon ausgehen, dass wir nie – bis zum Schluss nicht – ganz die sind, die wir werden und sein wollen und sollen. Das trifft uns als ganze Person. Nicht nur unseren Beruf. Alles, was uns ausmacht: unsere Beziehungen, unsere Art und Weise, in der Welt zu sein, unsere Beziehung zu Gott usw. Mancher mag erst nachdem er in Rente gegangen ist, zu seiner eigentlichen Berufung finden, endlich das tun können, verwirklichen können, wozu ihn sein Herz und seine Seele aufrufen, was seine Bestimmung ist.

»›In der Welt habt ihr Angst‹, hatte Jesus gesagt.
Wer aber die Angst überwunden hat, der lebt nicht mehr
in der Welt, sondern in Gott, in der Ewigkeit.«

HERMANN HESSE

BEFREIT LEBEN

Du musst den Fluss nicht anstoßen, er fließt von selbst

Wenn wir uns dem Schicksal überlassen, wenn wir uns Gott überlassen, steht uns der ganze Schwung, die ganze Energie zur Verfügung, die wir vorher aus Angst vor dem Leben, aus Angst vor der Freiheit, zurückgehalten haben, um uns jetzt ins Leben zu stürzen, unser Leben in die Hand zu nehmen. Wir sind der Kapitän unseres Lebensschiffes, übernehmen das Steuer und geben die Richtung vor. Wir tun das auch bei stürmischer See, im Wissen, dass es Situationen gibt, bei denen wir nur noch beten und uns dem Schicksal überlassen können. Das hält uns aber nicht davon ab, bis zum Schluss alle in uns vorhandenen Kräfte und alle uns gegebenen Möglichkeiten zu nutzen.

Wenn wir uns dem Schicksal überlassen haben, lassen wir uns nicht länger von der Angst abhalten, Leben zu wagen. Wir nutzen die uns gegebenen Gestaltungsmöglichkeiten, unser Leben zu schaffen. Einmal kann es sehr lange dauern, dann wieder wird uns ganz plötzlich klar, dass es entscheidend auch an uns liegt, ob wir die Chancen unseres Lebens nutzen wollen, wir aus der Enge in die Weite gehen wollen. Mir selbst hat dabei die Gestaltpsychotherapie sehr geholfen. Ich sehe mich jetzt noch, wie ich mit einem ziemlich abgenutzten Exemplar von Fritz Perls Buch *Gestalt Therapy Verbatim* bei der University Avenue in Berkeley / Kalifornien sitze, nahezu überwältigt von dem, was ich da vom Begründer der Gestalttherapie lese: »Du musst den Fluss nicht anstoßen, er fließt von selbst.« Unser Leben fließt von selbst. In uns gibt es Kräfte, denen es darum geht, dass wir uns selbst verwirklichen. Wir müssen sie nur fließen lassen.

Das nicht zu vergessen, kann vor allem in schwierigen Situationen wichtig sein, wenn wir glauben, dass es nicht weitergeht. Für Fritz Perls ist das eine Impasse-Situation, die einen Stau im normalen Wachstumsprozess signalisiert. So kann der normale Lebensfluss zum Beispiel durch ein tragisches äußeres Ereignis unterbrochen worden sein. Wir glauben, dass es jetzt nicht mehr weitergeht, glauben, nicht zu wissen, wie wir darauf reagieren sollen, fühlen uns hilflos der Situation ausgesetzt. Wir sind so sehr von der Angst besetzt, was alles passieren könnte, dass wir uns wie gelähmt vorkommen und uns nicht in der Lage sehen, irgendetwas zu tun, was uns aus unserer Misere herausführen könnte. Wir treten auf der Stelle, getrauen uns nicht, den notwendigen Schritt vom Jetzt in das Dann zu machen, sind so sehr damit beschäftigt, durch Vorbereiten und Wiederholen uns abzusichern, dass wir uns die Zukunft verbauen, unsere Spontaneität und Wachstumsmöglichkeiten behindern.

In Wirklichkeit, so Fritz Perls, sind wir aber tatsächlich weit weniger hilflos, als wir denken. Es geht uns wie den Personen in Andersens Märchen »Des Kaisers neue Kleider«, die so sehr in ihren Klischees gefangen sind, dass sie nicht fähig dazu sind, in der Gegenwart zu leben. Würden wir in der Gegenwart leben, könnten wir aus unseren Klischees schlüpfen und, wie es die Kinder in dem Märchen tun, erkennen, dass der Kaiser nackt ist. Würden wir uns befreien von den Klischees, würden wir die Spielräume entdecken, die es uns ermöglichen, uns nicht länger als Gefangene von irgendwelchen Erwartungen oder Konventionen zu sehen, sondern als Personen zu erleben, die handeln, die reagieren und in die Offensive gehen können.

In Impasse-Situationen, wenn wir glauben, nicht mehr weiterzukommen, kann die entscheidende Wende stattfinden. Zunächst sind wir verzweifelt und verwirrt, verstehen plötzlich nichts mehr. Bis uns klar wird: Was wir bisher für die Wirklichkeit gehalten haben, ist nur eine Fantasievorstellung, die uns davon abgehalten hat, die Ressourcen, über die wir tatsächlich verfügen, zur Behebung unseres Problems zu nutzen. Wir standen uns selbst im Weg, weil wir katastrophale Erwartungen aufgebaut haben, wie: »Die Menschen mögen uns nicht mehr, wenn wir das oder jenes tun« oder: »Ich werde etwas Dummes tun«.

Die Folge davon ist, dass wir, statt unsere Ressourcen zu nutzen, um notwendige Veränderungen vorzunehmen, die uns wieder an unseren Lebensstrom anschließen, uns auf letztlich unbefriedigende Kompromisse einlassen: eine mittelmäßige Ehe, ein mittelmäßiges Priesterdasein, eine mittelmäßige geistige Frische, eine mittelmäßige Lebenseinstellung. Das alles sind Kompromisse, die wir mit Rücksicht auf unsere Angst eingegangen sind. Es sind Kompromisse, die von der Enge zeugen, die typisch ist für

Menschen, die Angst haben. Das lateinische Wort für Angst *angustae* kann auch mit Enge übersetzt werden. Die aber spüren wir, wenn wir Angst haben. Statt uns auf unsere eigenen Füße zu stellen, unser Leben selbst in die Hand zu nehmen, bleiben wir in unserer scheinbaren Hilflosigkeit hängen.

Leben wir dagegen befreit, dann ist an die Stelle der Enge die Weite getreten. Dann haben wir Luft, Raum, ist der Blick für die Möglichkeiten, die wir haben, nicht länger verstellt. Jetzt wagen wir das Leben, wagen wir Weite in unser Leben zu bringen, reduzieren und stutzen wir unser Leben und unsere Lebensentwürfe nicht länger auf das Maß, das uns von der Enge unserer Angst vorgegeben worden ist. Thomas Merton sagte bei einem Vortrag in Bangkok, wenige Stunden vor seinem Tod: Jetzt geht es darum, dass wir uns auf unsere eigenen Füße stellen. Genau darum geht es: die Angst hinter uns zu lassen, uns auf die eigenen Füße zu stellen, Weite in unserem Leben zuzulassen und Leben zu wagen. Dann kommt Bewegung in unser Leben, spüren wir, dass wir uns bewegen, wir etwas verändern können, wir mehr Möglichkeiten haben, als wir denken.

Den Fluss nicht anstoßen und damit Gottes Willen tun

Wollen wir befreit leben, müssen wir ablegen, was uns daran hindert, uns von dem Fluss des Lebens einfach mitnehmen zu lassen. Wir müssen von der Vorstellung Abschied nehmen, den Fluss antreiben zu müssen. In einem Vorwort zu Fritz Perls Buch *Out of the Garbage Pail* schreibt Bob Hall, dass den Fluss nicht anstoßen bedeutet, den Willen Gottes zu leben. Er fließt von selbst. Wir müssen auch unser Leben nicht antreiben, es fließt von selbst.

Wir dürfen es aber auch nicht am Fließen hindern. Die Kunst besteht darin, unseren Lebensfluss, hinter dem unser Lebenstrieb und alles, was uns zugedacht ist, stehen, auch unser Schicksal und unsere Bestimmung, so zu kanalisieren, dass wir die Grundrichtung nicht aus den Augen verlieren, zugleich aber auch die Gegebenheiten, den Kontext, die Situation, in der wir uns befinden, mitbedenken.

Verspüren wir in uns den Drang zum Ausgelassensein und zur Ekstase, dann müssen wir ihm durch Tanz, Sexualität, Sport zum einen zulassen, zugleich aber nicht vergessen, während der Ekstase auf die Uhr zu schauen, um uns nicht in der Ekstase zu verlieren. Wir müssen von unserer Freiheit und unserem Willen Gebrauch machen, müssen wie mit einem unsichtbaren Seil mit dem Pol in Verbindung bleiben, der für unsere Wertvorstellung und Verantwortung steht. Das lässt uns kreativ sein, führt dazu, dass wir unser Leben immer mehr von uns her sehen und gestalten.

Unser Leben wird dadurch nicht unbedingt einfacher, weil es jetzt den ganzen Reichtum dessen, was uns ausmacht, mit bedenkt und mitwirken lässt. Das geht einher mit der Erfahrung von Furcht, Unsicherheit und Angst. Allein, das ist der Preis, den wir dafür zahlen müssen, wollen wir lebendig bleiben, unser Leben führen, Leben in Fülle und nicht nur schmalspurig, wohlgeordnet und geregelt erfahren.

Wer sich dem Schicksal überlässt, überlässt sich dem Fluss des Lebens und damit dem Willen Gottes. Er fühlt sich als Teil dieses Flusses, fließt mit. Er lässt dabei zu, was zu ihm gehört, fördert, was ihn immer mehr der sein lässt, der er meint, zu sein oder sein zu müssen. Er macht sich nichts vor, versucht nicht, jemand zu sein, der er in Wirklichkeit nicht ist. Er tut nicht so, als könne er fliegen, obwohl er keine Flügel hat. Wer sich dem Schicksal überlassen hat, sichert sich nicht länger vor diesem und jenem ab, verhindert nicht länger Zukunft, indem er alles plant und vorprobt.

Er weiß, dass es morgen schon zu Ende sein kann für ihn. Vor allem aber überlässt er sich der Dynamik und dem Schwung, die sich einstellen, wenn wir uns nicht länger von der Angst, was sein wird, was alles passieren kann, davon abhalten lassen, zu leben.

Er überlässt sich dem Fluss, dem Rhythmus und Kreislauf des Lebens, den C.G. Jung so anschaulich mit dem Bild der aufsteigenden Sonne beschreibt, die in der Mitte des Tages langsam beginnt, unterzugehen. Er klinkt sich ganz selbstverständlich in diesen Lebensrhythmus ein. Er lehnt sich nicht dagegen auf, versucht nicht, den normalen Prozess zu stoppen, sondern überlässt sich ihm bis zum Schluss und nutzt dabei zugleich die ihm gegebenen Möglichkeiten.

Radikale Freiheit

Mich dem Schicksal überlassen heißt auch, einfach sein, zulassen, was kommt. Es erwartet von mir die Entscheidung, dass ich das tun will. Ich mich überlasse. Es erfordert vor allem, dass ich mich loslasse. Meine Erwartungen, meine Ambitionen, auch meine Beziehungen. Das Letzte ist das Schwerste. Aber will ich wirklich frei sein, muss ich das auch tun. Sonst bin ich nicht frei.

Und jetzt muss ich aufhören
frei sein zu wollen,
weil mich genau das daran hindert,
frei zu sein
jetzt gilt es, gar nichts mehr zu wollen,
sondern einfach nur noch
zu sein
so zu sein

wie ich bin
mit allen meinen Erwartungen, Ambitionen, Beziehungen.
Ich bin, wie ich bin
Ich sein darf, wie ich bin
Ich nicht irgendjemand sein muss
Ich einfach nur ICH sein darf
Und genau das
Will ich und werde ich
SEIN

Wer sich dem Schicksal überlässt, bleibt nicht am Vordergründigen stehen. Er wird auf seine bloße Existenz, sein Kerndasein, zurückgeworfen, bei dem zählt, was wesentlich ist, worum es letztendlich geht: Das aber ist nicht, ob ich Papst oder verheiratet bin, ob ich Katholik oder Atheist bin, ob ich reich oder arm bin, ob ich gesund oder krank bin, ob ich schwul oder heterosexuell bin. Es geht um mein Sein. Es geht um mein Leben. Es geht darum, dass ich bin. Sein oder nicht sein – das ist die Frage. Darum geht es. Will ich wirklich frei sein, will ich befreit leben, muss ich zu dem vorstoßen, worum es grundsätzlich geht.

Die Ärztin Elisabeth Kübler-Ross berichtet von HIV-positiven Patienten, bei denen der Virus ausgebrochen war und die wussten, dass sie nicht mehr lange leben würden, wie sich ihre Krankheit, wie sie es nannte, als ein verstecktes Geschenk erwies. Sie lebten die ihnen verbliebene Zeit ganz bewusst und mit einer Intensität wie nie zuvor in ihrem Leben. Sie hätten sich auch, was man gut nachvollziehen kann, dafür entscheiden können, einfach, vielleicht auch verbittert, auf den Tod zu warten. Doch sie entschieden sich dafür, jeden Tag ganz bewusst zu erleben und das, was sie noch erleben durften, den letzten Frühling, das letzte Weihnachten zu würdigen, dafür dankbar zu sein und mit einer bisher nie gekannten inneren Wachheit zu genießen und zu feiern. Für sie war es wichtig, mit ihrem Kerndasein in Berührung zu kommen, dem, was übrig bleibt, wenn ich alle Schichten abgestreift habe, die ich nur scheinbar bin, und das zu würdigen, was bei allem, was mir genommen wurde, geblieben ist. Dass ich bin, lebe, atme.

Mit unserem Kerndasein in Berührung bleiben

Erst wenn ich mit meinem Kerndasein in Berührung bin, dem, was übrig bleibt, wenn ich alle Schichten abgestreift habe, die ich nur scheinbar bin, und aus ihm heraus lebe, lebe ich aus meinem Sein, dem, was ich wirklich bin. Jetzt erst bin ich auch in der Lage, frei zu entscheiden, bin es doch jetzt wirklich ich, der sich aus der Tiefe seines Seins heraus entscheidet. Ich lasse mich von dem Vordergründigen nicht ablenken, halte mich nicht fest an dem, was mir genommen wurde. Ich komme mit diesem letztlich unfassbaren Geschenk und Geheimnis in Berührung, dass ich bin, wo ich doch auch nicht sein könnte. Ich bekomme eine Ahnung davon, welch eine radikale Freiheit sich mir durch mein Sein eröffnet, eine Freiheit, die ich mir durch nichts und niemanden nehmen lassen.

Ich vergesse dabei nicht die äußeren Ausprägungen und Bedingungen meines Lebens, blende mein Schicksal und meine Bestimmung nicht aus, sondern gehe in Berührung damit und im Wissen darum auf mein Leben zu. Ich weiß, dass das Vordergründige und Äußere meines Lebens umfangen ist vom Geheimnisvollen, von Kräften, die ich erahnen, deren Auswirkungen ich spüren, deren Verursacher ich aber nicht sehen kann. Das Äußere wie der gesellschaftliche oder kirchliche Kontext, in den ich eingebettet bin, wirtschaftliche Gegebenheiten, die familiäre Situation, die

Verantwortung, der ich nachzukommen habe, die Bedeutung von Gesundheit, Erfolg, Ansehen –, das alles ist Teil meines Lebens und wird es bis zum Ende meines Lebens bleiben. Doch es ist nicht alles und es ist, wenn es darauf ankommt, nicht unbedingt das Entscheidende.

Bin ich in Berührung mit dem Zentrum meiner absoluten Freiheit, einer Freiheit, die grenzenlos und unverfügbar ist, erwächst mir daraus eine große Unabhängigkeit. Und das inmitten einer Welt, einer persönlichen und gesellschaftlichen, die mich an tausend Stellen und Orten einschränkt, in Freiheit zu handeln. Doch diese Welt vermag den Bereich meiner existenziellen Freiheit nicht zu berühren, gar zu beeinflussen.

Um von der mich umgebenden Unfreiheit des Handelns nicht aufgesaugt zu werden, dem Sog, der von ihr ausgeht, gänzlich zu verfallen, muss ich mich stark machen, das heißt, muss ich dieser Welt der Unfreiheit die Welt meiner Freiheit entgegensetzen. Muss ich mir immer wieder diese innere Welt meiner Freiheit verfügbar machen. Sie mir bewusst machen. Aber eben nicht nur bewusst machen, sondern sie wahrnehmen, spüren. Und von dort heraus leben und in mein Leben hineinwirken.

Wollen wir dieser freie Mensch sein, der von innen heraus, von seinem Kern heraus, entscheidet, müssen wir dafür Sorge tragen, dass wir mit unserem Kern in Berührung bleiben. Denn solange wir nicht mit unserem Kern in Kontakt sind, laufen wir Gefahr, dass uns das Gespür von eigener Freiheit verloren geht und wir von Kräften gesteuert werden, die uns wegführen vom Wesentlichen.

So tun wir gut daran, uns immer wieder in unser inneres Zentrum zurückzuziehen, uns dort zu verankern. Jeder muss hier seine Weise finden, die ihm dabei helfen kann. Der eine schreibt am Beginn des Tages seine Träume auf, bereit dazu, die Botschaften, Impulse, aber auch Energien aus seinem Innersten zu empfangen, die ihn mit seinem Innersten in Kontakt bringen und von dort her beeinflussen und stärken. Eine andere meditiert am Morgen, hält inne, kommt in Kontakt mit ihrem Zentrum, dem Ort, über den niemand außer sie selbst verfügt, dem Ort radikaler Freiheit. Solange sie mit ihrem Zentrum in Kontakt ist, wirft sie nichts so schnell aus der Bahn, bleibt sie die Kapitänin ihres Schiffes, entscheidet sie, wo es langgeht.

Für andere können der Besuch eines Gottesdienstes, der heiligen Messe, einer Abendmahlsfeier – psychologisch gesehen – eine ähnliche Bedeutung haben. Sie helfen ihnen, mit ihrem Innenraum in Kontakt zu kommen, sich zu zentrieren, das, was sie letztendlich ausmacht, in Erinnerung zu rufen und wachzuhalten. Sie verankern sich in Gott, treten in Verbindung mit ihm, laben sich an göttlicher Energie, am deutlichsten sichtbar im Essen des heiligen Brotes und Trinken des konsekrierten Weines. Sie begnügen sich jetzt nicht damit, mit ihrem inneren Kern in Berührung zu kommen beziehungsweise in Berührung zu bleiben, sondern machen sich darüber hinaus an etwas fest, was größer ist als sie. Sie verankern sich in etwas Größerem, einer größeren Macht, in Gott.

Wenn ich mich in etwas Größerem, in Gott, verankere, trete ich ein in mein Allerheiligstes, meinen innersten Kern, den Ort meiner Heiligkeit. Ich tauche ein in eine Atmosphäre, die mich spüren lässt: dieser Ort ist heilig. Ich bin in Berührung mit meiner Heiligkeit. In Psalm 118,19 f. heißt es:

»Öffnet mir die Tore zur Gerechtigkeit,
damit ich eintrete, um dem Herrn zu danken.
Das ist das Tor zum Herrn.«

Für mich ist das auch ein Bild für das Tor, über das ich einen Zugang finde zu dem heiligen Raum in mir. Um den Eingang zu dem Bereich zu finden, der uns in die Heiligkeit führt, müssen wir uns oft zunächst befreien von allem, was uns davon abhält, den Zugang zu unserem Allerheiligsten zu finden. Einmal sind es vielleicht gut gemeinte, aber letztlich krank machende und uns von unserer eigentlichen Bestimmung wegführende Botschaften, Erwartungen, Lehren – auch kirchliche –, die uns wegführen von unserem Innersten, dem Raum unserer Heiligkeit. Dann sind es Idole und Trends, die, folgen wir ihnen, uns eine andere Richtung einschlagen lassen.

Wenn ich eintrete in mein Heiligtum, dann nicht nur, um dort eine heilige Handlung zu vollziehen, so wie ich in ein Heiligtum eintrete, um dort den Göttern zu opfern oder im Ritus z. B. der heiligen Messe in die heiligen Mysterien einzutauchen. Darum geht es auch und das ist wichtig. Doch dabei darf es nicht bleiben. Jetzt geht es darum, in Berührung mit meinem Kerndasein und umfangen und beeinflusst von der Erfahrung des Heiligen und Geheimnisvollen in mir, in großer Unabhängigkeit und Freiheit mein Leben zu gestalten.

In Freiheit von meinem Kern her mein Leben gestalten

Wenn ich von meinem Kern heraus lebe, geht das mit einer großen Freiheit einher. Ich bin dann immun gegenüber den Erwartungen einer Umwelt, die mich zu tyrannisieren versucht, die von mir fordert, entsprechend ihren Erwartungen zu leben. Wenn ich von meinem Kern her lebe, definiere ich mich von dort her, von meinem Innern her und nicht von meinem Außen. Ich wirke in Freiheit von mir aus auf meine Umwelt ein. Ich lasse mich nicht von meiner Umwelt in Unfreiheit treiben.

Jetzt bin ich bei meinem wahren Selbst angelangt und verfüge über die Freiheit, von meinem Kern aus, meinen Alltag zu gestalten. Ich verdecke mein Sein nicht länger mit dem, was ich anscheinend, nicht aber in Wirklichkeit bin. Ich entstelle mein Sein nicht länger mit einer Scheinwelt, die mich wegführt von meinem wahren Sein. Ich mag den gleichen Beruf ausüben wie vorher, in den gleichen Beziehungen und Bezügen leben wie bisher, doch jetzt wird mein Sein als die prägende Kraft präsent sein und durchstrahlen.

Lebe ich aus meinem Kern heraus, dann pflege und hege ich das, was für mich wesentlich ist, und vermeide, was mich von meinem Kern wegführt. Es geht darum, dass mir das mit allen Fasern meines Seins bewusst wird, mir klar ist: Ich habe die Möglichkeit, wesentlich zu sein, wesentlich zu leben. Ich kann mich aber auch für das Unwesentliche entscheiden. Ich kann es wirklich, wenn ich will. Das ist der Moment, an dem sich meine Freiheit offenbart. Es liegt an mir, ob ich sie ergreife und mich entscheide, ob *ich* wesentlich leben will, dabei beherzigend, was C.G. Jung schreibt: »Letzten Endes lebt man wegen des Wesentlichen, und wenn man das nicht hat, ist das Leben vertan.«

Ich bin 63 Jahre alt. Ich merke wie nie zuvor in meinem Leben, wie sehr es von mir abhängt, wie ich mein Leben gestalte, was ich tue, was ich lasse. Nicht dass ich das vorher nicht auch schon versucht habe. Doch jetzt ist ein viel stärkeres Bewusstsein da, dass es wirklich von mir abhängt. Dabei hilft mir die Vorstellung, so zu leben, wie wenn jeder Tag ein geschenkter Tag wäre. Wie wenn ich eigentlich schon gestorben wäre und jetzt noch einmal lebe, aber anders, aus meiner Tiefe heraus. Jetzt aber – so eigenartig das klingt, da ich auf ein reiches Leben zurückschauen kann –, eigentlich zum ersten Mal wirklich lebe. Ich das Leben jetzt ganz anders sehe. Zwischendurch einfach einmal innehalte, um mich schaue, ganz bewusst die Knospen der Zierpflaume betrachte, staune, Dankbarkeit mich durchströmt, dass ich bin, dass ich lebe. Jetzt. Heute. In diesem Augenblick. Ich gehe meiner Arbeit nicht weniger pflichtbewusst als bisher nach, aber gelassener. Ich will sie gut machen, aber sie ist nicht das Wichtigste. Das Wichtigste ist, dass ich bin, lebe, atme. Und dann natürlich, dass es meine Frau, unsere Kinder, Freunde gibt, die ich liebe und die mich lieben. Ich spüre ein Ausmaß an Freiheit, wie ich es so noch nicht wahrgenommen habe. Freiheit als Möglichkeit, wesentlich zu leben. Ich kann mich dafür entscheiden. Ich bin es, der entscheidet. Und das Schicksal? Ja, was ist damit? Das Schicksal ist der Fluss, auf dem ich mich fortbewege, der mich davonträgt. Er kommt von irgendwoher und bringt mich irgendwohin. Ich bin ein Teil von ihm, überlasse mich ihm und das ist gut so. Und indem ich mich einfach von dem Fluss mitnehmen lasse, mich dafür entscheide, überlasse ich mich dem Schicksal, stelle ich mich unter den Willen Gottes.

EPILOG

Mich bedingungslos dem Größeren überlassen

Befreit leben wir, wenn wir der Realität nicht ausweichen. Wenn wir das Tragische, das Schicksalhafte, das Endgültige – zu dem auch unsere Endlichkeit und unser Tod gehören – nicht ausblenden. Wenn wir aber auch – bis zum Schluss – das Leben Schaffende, Lebendige, das, was uns in unser Leben und in unsere Lebendigkeit bringt, umarmen. Wir uns diesem »ewigen Kampf zwischen den Lebens- und Todestrieben« (Bettelheim 1986, 184) stellen, denn eben dieser »Kampf macht Reichtum des Gefühls möglich; er erklärt die mannigfaltige Natur des menschlichen Lebens; er fördert gleichermaßen Depression und Hochstimmung – er gibt dem Leben seinen Sinn« (124). Diese Dynamik erhält uns am Leben und verhindert, dass wir schon zu Lebzeiten tot sind. Sie trägt zur Heiligung unseres Lebens bei, insofern sie uns unser Leben ganz sehen und erfahren lässt. Sie macht uns sensibel dafür, dass »jeder Augenblick einzigartig und bedeutsam ist« (124), weil er unser letzter sein könnte.

Also
Überlasse dich dem Schicksal
stürze dich ins Leben
in den Lebenskampf
Überlasse dich den Kräften
in dir und außerhalb von dir im
Vertrauen darauf
dass sie dich
dahin führen

wo dein Platz ist
und du
immer mehr der und die wirst
die zu werden du berufen und bestimmt bist

Von den Samuraikämpfern wird gesagt, dass sie deshalb sich ganz dem Kampf hingeben konnten, alles wagen konnten, weil sie mit der Einstellung kämpften, dass sie schon einmal gestorben sind. Das erinnert mich an Richard Rohr, der sagt, dass er Menschen begegnet ist, die die Erfahrung gemacht haben, schon einmal gestorben zu sein, und deshalb keine Angst mehr vor dem Tod, aber auch keine Angst mehr vor dem Leben haben.

Wer sich wirklich dem Schicksal, Gott, überlassen hat, der lebt so, als sei er schon einmal gestorben. Der hat keine Angst mehr vor dem Tod und vor dem Leben. Der lebt das Leben, sein Leben, ganz, schöpft es ganz aus, weil er nichts zu verlieren, sondern nur etwas zu gewinnen hat: das Leben in seiner Fülle.

Wenn ich mich dem Schicksal überlasse, zerreißt das Netz, das mich bisher in Ängsten hielt, das mich ständig mit erhöhter Aufmerksamkeit durchs Leben gehen ließ, das dafür sorgte, dass ich nur mit angezogener Handbremse durchs Leben ging. Jetzt hält mich nichts mehr davon zurück, das Leben zu wagen, mich ins Leben zu stürzen, jeden Augenblick zu leben, mein Leben neu zu schaffen. Mein Leben nicht länger auf Halde zu legen, sondern zu leben, Formen zu entwickeln, aus-zu-leben. Mich auszuleben, mich zu verschwenden für mich, für andere, für Gott. Wohl wissend und – wenn auch manchmal mit Zittern – akzeptierend, dass es irgendwann aus und vorbei ist. Und das dann auch gut so ist.

Sich dem Schicksal zu überlassen verlangt, die Mauer zu durchbrechen, die uns daran hindert, dem Leben *seinen* Lauf zu lassen. Zuzulassen, dass Leben lebt, fließt. Dahin, wohin es fließen will.

Das ist mit das Schwerste, was wir zu leisten haben: nicht länger an der Mauer festzuhalten. Oder es verlangt von mir, mich nicht länger von der Angst festhalten zu lassen, von ihr bestimmen zu lassen, wie mein Leben verläuft.

Überlassen wir uns dem Schicksal, hat die Angst ausgespielt. Sind wir von ihr befreit. Befreit von der Angst, verfügen wir jetzt über die Kraft und Kreativität, die wir für die Gestaltung unseres Lebens benötigen. Selbst wenn morgen die Welt untergeht, will ich heute noch ein Apfelbäumchen pflanzen, soll Martin Luther gesagt haben. Das ist die Botschaft von der christlichen Hoffnung, die uns ermutigt: »Wirf deine Sorgen auf den Herrn. Er selber wird für dich sorgen.« Vertraue Gott, überlasse dich, dein Leben, alles, was dich ausmacht, ihm. In diesem Moment fallen Schatten- und Lichtzeiten zusammen, überlappen sich Himmel und Erde. Können die Mächte der Finsternis dir nichts mehr anhaben, die Täuschungen des Lichts dich nicht länger in die Irre führen. »In der Welt habt ihr Angst. Ich habe die Angst überwunden« (Hermann Hesse).

Jetzt kann mich nichts mehr daran hindern, mich bedingungslos dem Größeren, Gott, zu überlassen. Jetzt kann alles in mir fließen, jetzt kann ich mich rückhaltlos verausgaben in der Hinwendung, in der Hingabe an Gott. Ich kann – ohne Rettungsanker – eintauchen in den Lebensstrom, mich dem Leben, meinem Leben, überlassen. Ich nehme die Verantwortung für meine eigene Welt, meinen Lebensentwurf, meine Einstellungen und Handlungen wahr. Ich überwinde den Schrecken und die Angst, die sich im Bewusstsein einstellen, »dass es unter uns keinen Grund gibt – nichts, eine Leere, einen Abgrund« (Yalom 2005, 19), und entscheide mich in Freiheit, mich in das Wirken einer größeren Macht, Gott, hineinzustellen. Damit wird mir die Verantwortung für mein Leben und seine Gestaltung nicht aus der Hand genommen. Sie wird aber eingebettet in meine mir Gelassenheit und innere Freiheit schenkende Hingabe an das Größere, an Gott. Jetzt kann ich mit Romano Guardini (1948, 18) beten:

»O, Gott, Du hast den Menschen erschaffen und sein Wesen wunderbar begründet. Du hast gewollt, dass er unter den Werken Deiner Weisheit lebe, in immer neuer Begegnung mit ihnen seine Kräfte entfalte und der eigenen Freiheit mächtig werde. Der Umgang mit den Dingen der Welt aber soll vorbereiten auf die Begegnung mit Dir. Du bist der Eigentliche; einem jeden von uns das letzte und allein erfüllende Du. Auf Dich sind wir hingeordnet, und nur in Dir vollendet sich unser Wesen so, wie Du es gewollt hast.«

Ich befinde mich in der Kirche Santi Maria e Donato auf der Insel Murano, unweit von Venedig. Ich betrete die Kirche, verbeuge mich vor dem Altar. Verbeuge mich vor dem Größeren, Gott. Meine Hinwendung zu ihm erfüllt mich mit einem inneren, tiefen Frieden, einem leisen Glücksgefühl. Diese Hinwendung zu Gott ist wie Wasser, das alles in mir und um mich herum umspült. Alles ist benetzt und eingetaucht in diesen Strom, der aus meiner Hinwendung zu Gott fließt. Mein Atmen, mein Gehen durch Venedig, meine Liebe zu meiner Frau, die mich begleitet, meine Gedanken an die Kinder, die Arbeit, die vor Kurzem verstorbene Mutter.

Wenn du dich Gott überlässt
Dann kannst du dich nur
Ganz und gar
Mit Haut und Haaren
Mit Leib und Seele
Überlassen
Radikal
Von deiner Wurzel aus
Mit allem, was dich ausmacht
Und nur
Wenn du dich
Ganz und gar
Bedingungslos
Uneingeschränkt
Ihm
Deinem
Gott
Dich
Überlässt
Bist du befreit

LITERATUR

Deirdre Bair: C.G. Jung. Eine Biographie, München 2003

Bruno Bettelheim: Freud und die Seele des Menschen, München 1986

Dietrich Bonhoeffer: Jeder Morgen ist ein neuer Anfang. Gebete, München 2008

Paulo Coelho, in: Windmaschine der Seligkeit, in: Frankfurter Allgemeine Sonntagszeitung, Nr. 2, 13. Januar 2013, S. 40

Cora Creutzfeldt-Glees: Schicksal Brustkrebs – Wege zur Bewältigung, Göttingen 2007

John O'Donohue: Anam Cara: Das Buch der keltischen Weisheit, München 2008

Erik Erikson: Der vollständige Lebenszyklus, Frankfurt 1982

Roy Fairchild: Seelsorge mit depressiven Menschen, Mainz 1991

Joachim Gauck, in: Manfred Stöhr: Der Mensch ist mehr als sein Gehirn, München 2012

Romano Guardini: Freiheit, Gnade, Schicksal. Drei Kapitel zur Deutung des Daseins, München 1948

Romano Guardini: Theologische Gebete, Frankfurt 1948

Romano Guardini: Stationen und Rückblicke / Berichte über mein Leben, Mainz / Paderborn 1995

Martin Heidegger: Gelassenheit, Pfullingen 1986

Hermann Hesse: Demian. Die Geschichte von Emil Sinclairs Jugend, Leipzig 1977

Hermann Hesse: Siddharta, Frankfurt 2002

Sales Hess: Dachau – eine Welt ohne Gott, Münsterschwarzach 1995

Etty Hillesum: Das denkende Herz. Die Tagebücher von Etty Hillesum 1941 bis 1943, Hamburg 2010

Jolande Jacobi: Der Weg zur Individuation, Zürich 1965

Willigis Jäger: Jenseits von Gott, Holzkirchen 2012
C.G. Jung: Zur Psychologie westlicher und östlicher Religion, in: Ges: Werke, Bd. XI, Olten 1971
C.G. Jung: Erinnerungen, Träume, Gedanken von C.G. Jung, hrsg. und ausgewählt von Aniela Jaffe, Olten 1990
Mathias Jung: Mut zum Ich. Auf der Suche nach dem EigenSinn, München 2007
Sören Kierkegaard: Der Begriff Angst, Ditzingen 1992
Jean Laplanche/Jean-Bertrand Pontalis: Das Vokabular der Psychoanalyse, Frankfurt 1972
Rollo May: Love and Will, New York 1969
Rollo May: The Meaning of Anxiety, New York 1977
Rollo May: The Courage to Create, New York 1980
Rollo May: Freedom and Destiny, New York 1981
Rollo May: The Discovering of Being, New York 1983
Thomas Merton: A Search for Solitude, ed. by Lawrence S. Cnningham, San Francisco 1996
Thomas Moore: A Life at Work. The Joy of Discovering What You Were Born to Be, New York 2008
Wunibald Müller: Lebe mit Leidenschaft. Vom gelassenen Umgang mit unserer Angst vor dem Tod, Ostfildern 2010
Friedrich Nietzsche: Aphorismen, Köln 2008
Henri Nouwen: Home tonight. Further Reflections on of the Parable of the Prodigal Son, New York 2009
Karl Rahner, in: Christ in der Gegenwart Nr. 21, 2013, 237, zitiert aus: Karl Rahner: Meditationen über das Wort ›Gott‹, Freiburg 2013
Carl Rogers: A Way of Being, Boston 1980
Carl Rogers: Der neue Mensch, Stuttgart 1981
Konrad Stauss: Von der Kraft der Vergebung, München 2010
Phil Stutz & Barry Michels: The Tools. Wie Sie wirklich Selbstver-

trauen, Lebensfreude, Gelassenheit und innere Stärke gewinnen, München 2012
Paul Tillich: Systematische Theologie Bd. I, Stuttgart 1957
Galsan Tschinag: Die Geister sind lustig, in: Publik-Forum Nr. 1, 2009, 68–71
Elie Wiesel: Mit offenem Herzen. Ein Bericht zwischen Leben und Tod, Freiburg 2012
Irvin D. Yalom: Existenzielle Psychotherapie, Bergisch-Gladbach 2005
Irvin D. Yalom: The Gift of Therapy. An Open Letter to a New Generation of Therapists and Their Patients, New York 2009
Irvin D. Yalom: In die Sonne schauen. Wie man die Angst vor dem Tod überwindet, München 2010
Eva-Maria Zurhorst: Liebe dich selbst und es ist egal, wen du heiratest, München 2009